Schriftenreihe des Psychotherapie-Seminars Freudenstadt
Band 2

Hartmut Schneider (Hrsg.)

Die frühe Kindheit

51. Psychotherapie-Seminar Freudenstadt

Mit Beiträgen von
M. Papoušek, H. Ellebracht, M. Dornes,
H. Schneider, G. Klosinski und J. Buchmüller

MV

Mattes Verlag Heidelberg
1995

Herausgeber dieses Bandes:

Prof. Dr. Hartmut Schneider
Abteilung für Psychiatrie und Psychotherapie
Kreiskrankenhaus Freudenstadt
72250 Freudenstadt / Schwarzwald

ISBN 3-9802440-9-1

Die Deutsche Bibliothek – CIP-Einheitsaufnahme

Die frühe Kindheit / 51. Psychotherapie-Seminar Freudenstadt.
Hartmut Schneider (Hrsg.). Mit Beitr. von M. Papoušek … –
Heidelberg : Mattes, 1995
(Schriftenreihe des Psychotherapie-Seminars Freudenstadt ; Bd. 2)
ISBN 3-9802440-9-1
NE: Schneider, Hartmut [Hrsg.]; Papoušek, Mechthild;
Psychotherapie-Seminar <51, 1994, Freudenstadt>;
Psychotherapie-Seminar: Schriftenreihe des Psychotherapie-Seminars …

Umschlaggestaltung unter Verwendung eines Stiches von Merian

Druck: Druck Partner Rübelmann GmbH, Hemsbach

Vorwort

„Man kann Werk um Werk über Geschichte, Gesellschaft und Moral durchblättern, und wird wenige Hinweise darauf finden, daß alle Menschen als Kinder beginnen und alle Kinder aus ihren Kinderstuben hervorgehen ..."

„Was wir hoffen, wäre, daß der Patient und seine Familie aus unserer Erhellung ihrer Geschichte eine tiefere Demut vor den Prozessen gewinnen könnten, die uns alle lenken, und die Fähigkeit, sie einfacher und aufrichtiger zu durchleben. Was aber sind sie?"

Erik H. Erikson (1984): Kindheit und Gesellschaft

Band 2 der Schriftenreihe des Psychotherapie-Seminars enthält die Vorträge des Seminars vom September 1994.

Mit dem Rahmenthema „Die frühe Kindheit" begann der Versuch, Lebensstufen aus entwicklungspsychologischer und psychodynamischer Sicht darzustellen, ein Versuch, der 1995 mit dem Thema „Sprache und Sprachentwicklung" fortgeführt wird und in den kommenden Jahren Latenz, Pubertät und Adoleszenz behandeln soll.

Die Übersichtsreferate versuchen, den Bogen zwischen empirischer Säuglings- und Kleinkindforschung zu den psychodynamischen Konzepten zu schlagen und die analytische Rekonstruktion der frühen Kindheit kritisch zu hinterfragen. Die allgemeiner gehaltenen entwicklungspsychologischen Referate von M. Papoušek, H. Ellebracht und M. Dornes werden ergänzt durch Aufsätze zu klinisch-psychopathologischen Fragestellungen: Psycho- und Pathogenese von Persönlichkeitsstörungen (H. Schneider), Psychosen (G. Klosinski) und affektiven Erkrankungen (J. Buchmüller).

Mit dieser Aufgabenstellung versucht das Freudenstädter Seminar einen Beitrag zu leisten für eine patientenorientierte psychotherapeutische Weiterbildung von Ärzten, Psychologen und verwandten psychotherapeutisch tätigen Berufsgruppen. Meines Erachtens gibt es keinen sachlichen Grund, die Fachgebiete „Arzt für Psychiatrie und Psychotherapie" und „Arzt für Psychotherapeutische Medizin" (bzw. deren Weiterbildungsordnungen) in ihrer Wertigkeit rivalisierend aufzurechnen. Wenn es um Einfluß, Zuständigkeit und Interessen geht, sollte man die zutage getretenen

Konflikte offen austragen. Das schließt auch Überlegungen darüber ein, was an psychotherapeutischer Hilfe nötig ist, was psychotherapeutisch überhaupt geleistet werden kann, und ob hierzu ambulante Lockangebote oder Bettenburgen notwendig sind. Die kommenden Jahre werden in dieser Hinsicht sicher spannend und spannungsreich für die Entwicklung der psychotherapeutischen Versorgung der Bundesrepublik sein.

Ich danke wieder den Referenten für die qualifizierten Beiträge, Frau Heiderose Köhle für die Vorbereitung der Manuskripte und dem Mattes Verlag für die ausgezeichnete verlegerische Sorgfalt.

Freudenstadt, August 1995 *Hartmut Schneider*

Inhalt

Autoren

Joachim Buchmüller

Dr. med., Psychosomatische Klinik Kinzigtal, Gengenbach

Martin Dornes

Dr. phil., Frankfurt am Main

Heiner Ellebracht

Dr. med., Essen

Gunther Klosinski

Prof. Dr. med., Klinik für Kinder- und Jugendpsychiatrie
der Universität Tübingen

Mechthild Papoušek

Dr. med. habil., Institut für Soziale Pädiatrie und Jugendmedizin,
Universität München

Hartmut Schneider

Prof. Dr. med., Abteilung für Psychiatrie und Psychotherapie,
Kreiskrankenhaus Freudenstadt

Frühe Störungen der Eltern-Kind-Beziehungen im Säuglingsalter: Ein präventiver Ansatz zur Früherkennung und Behandlung

Mechthild Papoušek

Mit langer Verzögerung ist auch in den deutschsprachigen Ländern in den letzten Jahren ein fruchtbarer Dialog zwischen Psychotherapeuten verschiedenster Schulen und Entwicklungspsychologen in Gang gekommen. Die anfänglichen Berührungsängste sind allmählich gewichen und geben einer wachsenden Bereitschaft Raum, manche unüberprüften überkommenen Denkweisen und Theorien über die frühe Kindheit kritisch zu hinterfragen und durch neue, empirisch gewonnene Ergebnisse und verifizierbare Hypothesen der Frühentwicklungsforschung zu ersetzen (Dornes 1993; Köhler 1990; Lichtenberg 1990; Papoušek 1990; Pine 1986).

Zusammenhänge zwischen realer und rekonstruierter Kindheit

Die „frühen Störungen" der Eltern-Kind-Beziehungen betreffen eine Phase der menschlichen Entwicklung, in der sich die Interessen der Frühentwicklungsforschung, die sich prospektiv auf Früherkennung, Voraussagbarkeit und Prävention ausrichten, mit den retrospektiv-rekonstruktiv geleiteten Interessen der Psychotherapie zu treffen scheinen. Viele psychoanalytische Theorien sehen den Ursprung psychischer Störungen des Erwachsenenalters, vor allem der sog. „Frühstörungen" (narzißtische Störungen, Borderline-Syndrom, bestimmte Psychosen) in den Anfängen der vorsprachlichen Entwicklung. Die Zusammenhänge zwischen realer Kindheit und der im therapeutischen Prozeß rekonstruierten Kindheit, zwischen frühen Störungen im Säuglingsalter und den sog. Frühstörungen des Erwachsenen sind jedoch noch so gut wie unerforscht. Wie sich die Frühstörungen des Erwachsenen in der frühen Kindheit manifestieren, darauf kann die Psychoanalyse bis heute keine schlüssigen Antworten geben. Wie sehen die Eltern-Kind-Beziehungen eines späteren Borderline-Patienten im vorsprachlichen Alter aus? Wie hat sich die sog. „schizophrenogene" Mutter in der realen Kindheit verhalten? Unter welchen Bedingungen entstehen aus manifesten Beziehungsstörungen im Säuglingsalter später narzißtische Störungen?

> „Allein hier werden wir auf ein Verhältnis aufmerksam, welches uns [...] bei vielen Beispielen von psychoanalytischer Aufklärung eines seelischen Vorganges entgegentritt. Solange wir die Entwicklung von ihrem Endergebnis zurückverfolgen, stellt sich uns ein lückenloser Zusammenhang her, und wir halten unsere Einsicht für vollkommen befriedigend, vielleicht für erschöpfend. Nehmen wir aber den umgekehrten Weg, gehen wir von den durch die Analyse gefundenen Voraussetzungen aus und suchen diese bis zum Endresultat zu verfolgen, so kommt uns der Eindruck einer notwendigen und auf keine andere Weise zu bestimmenden Verkettung ganz abhanden. Wir merken sofort, es hätte sich auch etwas anderes ergeben können, und dies andere Ergebnis hätten wir ebenso verstanden und aufklären können. Die Synthese ist nicht so befriedigend wie die Analyse; mit anderen Worten, wir wären nicht imstande, aus der Kenntnis der Voraussetzungen die Natur des Ergebnisses vorherzusagen." (Freud 1920/1973, S. 276)

Der Psychoanalyse bleibt von ihrem methodischen Ansatz her ein direkter Zugang zur realen Kindheit versagt (Dornes 1993). Der Dialog mußte daher zwangsläufig in Gang kommen. Eine Theorie, die derart dezidiert Traumatisierungen in der frühen Kindheit als Ursache langfristiger und schwerwiegender psychischer Störungen erkennt und beschreibt, kann und darf sich im Grunde nicht mit einer einseitig therapeutischen Zielsetzung zufriedengeben. Um jedoch wirksam Prävention betreiben zu können, ist es unerläßlich, sich der realen Kindheit zuzuwenden, und dies mit Methoden der empirischen Forschung, die den Säugling in den ihm eigenen Entwicklungsbedingungen ernst nehmen.

Die Frühentwicklungsforschung ihrerseits hat in einer intensiven interdisziplinären Forschungstätigkeit, an der auch eine Reihe namhafter Psychoanalytiker beteiligt sind (z. B. Emde & Robinson 1979; Stern 1993), seit den sechziger Jahren wichtige Grundlagen erarbeitet, die die Vorstellungen und Kenntnisse über den menschlichen Säugling und die Bedeutung der frühen Eltern-Kind-Beziehungen auf geradezu dramatische Weise verändert haben. Dies bietet die Grundlage für wichtige neuere Forschungsansätze zum Verständnis von Manifestationsformen und Entstehungsbedingungen früher Störungen der psychischen Entwicklung und der Eltern-Kind-Beziehungen.

Vor diesem Hintergrund lenkt der vorliegende Beitrag die Aufmerksamkeit auf Probleme in der realen Frühentwicklung, die in der Öffentlichkeit weitaus weniger Beachtung finden als die „Frühstörungen“ des Erwachsenen und die unter Therapeuten ihre Lobby noch nicht gefunden haben. Ob und welche Rolle solchen Problemen langfristig zukommt, muß dabei zunächst offen bleiben.

Um manifeste Störungen der realen Kindheit zu verstehen, hat es sich in der entwicklungspsychobiologischen Forschung bewährt, die frühe Kindheit zunächst einmal von den Altlasten überkommener spekulativer Konzepte zu befreien und mit unvoreingenommenem Blick die realen Probleme der Frühentwicklung anzugehen. Mehr als jede andere Entwicklungsperiode wurde die frühe Kindheit unter dem Einfluß wechselnder Theorien, deterministischer Denkweisen und einseitig-linearer Ursache-Wirkungs-Modelle mit schweren Hypotheken belastet. Vorschnelle Generalisierung von Konzepten der Psychobiologie (z. B. Prägung, mütterliche Deprivation) und Zuschreibung adultomorpher und pathomorpher Metaphern der psychoanalytischen Theorien (z. B. primärer Autismus, frühkindliche Symbiose, Spaltung, infantile Grandiosität, halluzinatorische Wunscherfüllung) haben die frühe Kindheit befrachtet und ihr eine empirisch bisher nicht belegte Schicksalhaftigkeit zugeschrieben.

Zu den sicher unerwünschten Folgen gehört eine weit verbreitete Verunsicherung junger Eltern. Zunehmend quälen sich Eltern mit Ängsten, etwas falsch zu machen oder etwas unwiederbringlich zu versäumen. Sie sind anfällig für einen florierenden Markt an ähnlich befrachteten Elternratgebern mit ihren oft widersprüchlichen, unüberprüften Empfehlungen. Im Interesse junger Familien ist es an der Zeit, Abschied zu nehmen vom „mother-hunting“, von der Schuld der Mütter (Rohde-Dachser 1990), von den Metaphern der „schizophrenogenen“ oder „asthmatogenen“ Mütter, der „guten und der bösen Mutterbrust“. Es ist an der Zeit, die Wechselseitigkeit der Beziehungen ernstzunehmen und der aktiven Rolle des Säuglings ebenso wie der Rolle des Vaters, der Geschwister und des sozialen Beziehungsnetzes gerecht zu werden.

Entwicklungspsychopathologische Forschungsansätze

Ende der siebziger Jahre ist ein neuer interdisziplinärer Forschungszweig entstanden, die Entwicklungspsychopathologie, die mit den Namen Rutter (1980), Achenbach (1974), Belsky (1984), Cicchetti (1984), Sroufe (Sroufe & Rutter 1984), Lewis (Lewis & Miller 1990) u. a. verbunden ist. Die Entwicklungspsychopathologie hat die Früherkennung und Prävention psychiatrischer Erkrankungen des Kindes- und Erwachsenenalters zum Ziel. Sie richtet sich in prospektiven Forschungsansätzen auf Entstehungsbedingungen und Folgen von Abweichungen und auf die Prozesse der Entwicklung als solche aus (Keller 1989). Sie ersetzt die älteren linearen Kausalitätsmodelle durch transaktionale und systemische Entwicklungsmodelle (z. B. Papoušek & Papoušek 1987; Sameroff 1982), die die dynamischen Wechselbeziehungen zwischen Säugling, Eltern und psychosozialem Umfeld zu erfassen suchen, und richtet die Aufmerksamkeit dabei ebenso auf Risikofaktoren wie auf protektive Kräfte, auf Merkmale der individuellen Vulnerabilität wie auf Merkmale der Widerstandsfähigkeit, auf dekompensatorische ebenso wie auf kompensatorisch wirksame Faktoren in der Entwicklung (z. B. Rauh 1989).

Das Säuglingsalter jedoch blieb in der Entwicklungspsychopathologie noch weitgehend unberührt. Dies beruht nicht zuletzt auf den schwierigen methodischen Anforderungen, die die vorsprachlichen Entwicklungsprozesse an den Untersucher stellen. Es ist eine Phase besonders hoher individueller Variabilität und Diskontinuität in Bezug auf spätere Lebensjahre, bedingt durch Anpassungs-, Reifungs- und Lernprozesse, die in keiner anderen Entwicklungsphase wieder in vergleichbarem Tempo und ähnlicher Intensität ablaufen. Dabei sind die Wechselbeziehungen zwischen psychischer und somatischer Entwicklung und zwischen psychischer Entwicklung und Eltern-Kind-Beziehungen so eng, daß sie kaum getrennt voneinander untersucht werden können. Sucht man im Säuglingsalter nach frühen Manifestationen psychischer Störungen, so wird man enttäuscht, wenn man sich auf die klassischen psychopathologischen Symptome des späteren Kindes- und Erwachsenenalters oder gar auf Konstrukte der Psychoanalyse ausrichtet. Psychische Abweichungen und Störungen können sich nur in den Verhaltensbereichen äußern, die bereits hinreichend entwickelt sind, und sie äußern sich bevorzugt in den für die jeweilige Entwicklungsphase erforderlichen Anpassungsprozessen, den sogenannten „Entwicklungsaufgaben“ (Achenbach 1988). Zu den ersten Zielen einer Entwicklungspsychopathologie des Säuglingsalters sollte es demnach gehören, die im vorsprachlichen Alter im Vordergrund stehenden Entwicklungsprozesse zu identifizieren und in ihrer realen Dynamik zu analysieren.

Die Frühentwicklungsforschung hat in den vergangenen drei Jahrzehnten für viele der methodischen Probleme des Säuglingsalters brauchbare Lösungen erarbeitet und eine Fülle neuer Erkenntnisse über die vorsprachliche Entwicklung und die frühen Phasen der Eltern-Kind-

Beziehungen gewonnen. Ein zentrale Rolle spielt dabei die vorsprachliche Kommunikation, deren Erforschung eine neue, empirisch zugängliche Dimension im Verständnis der Frühentwicklung erschlossen hat. Die Analyse der vorsprachlichen Kommunikation lenkt die Aufmerksamkeit vor allem auf zwei Schwerpunkte der neueren Frühentwicklungsforschung, die integrativen und selbstregulatorischen Kompetenzen und Grenzen des Säuglings und die intuitiven elterlichen Kompetenzen und ihre Störungen (Papoušek & Papoušek 1987, 1990).

Integrative und selbstregulatorische Kompetenzen und Grenzen des Säuglings

Der „kompetente Säugling" setzt mit allem, was seit den sechziger Jahren über seine differenzierten Wahrnehmungsfähigkeiten in allen Sinnesbereichen und seine Lern- und Denkfähigkeiten im vorsprachlichen Alter aufgedeckt worden ist, Fachwelt und Laien immer neu in Erstaunen (Papoušek 1977; Papoušek & Papoušek 1984). Dabei handelt es sich von Anfang an um spezifisch menschliche Kompetenzen, Eigenschaften und Bedürfnisse, die beispielsweise auf das Erlernen der Muttersprache ausgerichtet und in ihren Wurzeln bereits im letzten Drittel der Schwangerschaft nachweisbar sind (Papoušek 1994).

Was ist so einzigartig am menschlichen Säugling? Als motorischer Spätentwickler und Tragling ist er im Vergleich zu seinen nächsten tierischen Verwandten in Bezug auf seine primären biologischen Bedürfnisse, Ernährung und Schutz vor Gefahren, als besonders abhängig einzustufen. Er ist jedoch vergleichsweise frühreif in seinen integrativen Fähigkeiten und von Anfang an mit spezifisch menschlichen Fähigkeiten ausgestattet, die vor allem die Wahrnehmung und integrative Bearbeitung seiner Umwelterfahrungen, seine Lern- und Denkfähigkeiten und seine kommunikativen Kompetenzen betreffen. Schon das Neugeborene ist fähig und motiviert, die soziale und dingliche Umwelt mit allen Sinnen wahrzunehmen, seine Wahrnehmungen zu integrieren, zu speichern, sich mit der Umwelt vertraut zu machen, Regeln zu entdecken und sein Verhalten darauf abzustimmen, bald darauf auch Erwartungen und Hypothesen aufzubauen, zu überprüfen und zu korrigieren. Eine zentrale Bedeutung in seiner frühen Erfahrungswelt hat all das, was es auf seiten der Umwelt durch eigenes Tun bewirken kann. Das Neugeborene ist in der Lage, Kontingenzen zwischen Ereignissen in der Umwelt und seinem eigenen

Tun zu entdecken. Angespornt durch eine wirksame innere Motivation sucht der Säugling einen aktiven Bezug zu den Personen und Dingen seiner Umwelt – solange zwei Voraussetzungen erfüllt sind: (1) Ausreifung seiner basalen selbstregulatorischen Fähigkeiten in Bezug auf affektive Erregungssteuerung, gezielte Aufmerksamkeit, Schlaf-Wach-Regulation und reibungslose Nahrungsaufnahme, und (2) Erfahrungen mit einer responsiven, zu kontingenten Reaktionen bereiten Umwelt. Die Entfaltung der kindlichen Fähigkeiten ist auf den kommunikativen Austausch mit einer artspezifisch angepaßten Umwelt angewiesen.

Intuitive elterliche Kompetenzen in der vorsprachlichen Kommunikation

Langjährige Forschungsarbeiten über die vorsprachliche Kommunikation haben deutlich gemacht: Auch die frühesten Beziehungen erschöpfen sich nicht in der Erfüllung biologischer Bedürfnisse wie Hungerbedürfnis und Schutzbedürfnis im engen Körperkontakt mit der Sicherheit spendenden Mutter, auch nicht in der Erfahrung von emotionaler Verfügbarkeit der Mutter oder undifferenzierter symbiotischer Verschmelzung mit der Mutter (Papoušek & Papoušek 1987, 1990).

Mit Hilfe von Verhaltensbeobachtungen und Mikroanalysen der frühen Kommunikation ist es gelungen, auf seiten der Eltern Anzeichen einer intuitiven elterlichen Kompetenz zu entdecken, die die selbstregulatorischen Fähigkeiten unterstützt und die integrative und kommunikative Entwicklung des Säuglings kompensatorisch erleichtert und fördert (Papoušek & Papoušek 1981, 1987). Es sind Verhaltensmuster, die ohne bewußte Kontrolle ausgeübt und gesteuert werden; sie sind nicht auf die biologische Mutter beschränkt, sondern sind ebenso bei Vater und Nichteltern und, trotz kultureller Unterschiede in Traditionen und Erziehungsvorstellungen, universell angelegt; sie gehören zur Kategorie der intuitiven Verhaltensformen, mit denen die Eltern – typischerweise mit einer kurzen Latenz von 200–600 ms – kontingent auf kindliche Signale antworten. Sie sind auf die Grenzen und Kompetenzen des Säuglings abgestimmt und sie werden durch Aussehen und Signale des Kindes ausgelöst und gesteuert, die über seine Aufnahme- und Interaktionsbereitschaft informieren.

Beispiele aus dem intuitiven elterlichen Verhaltensrepertoire

Im Rahmen der frühen Kommunikation bestehen wichtige erste Schritte in der elterlichen Unterstützung der adaptiven affektiven Verhaltensregulation (Papoušek 1989, Papoušek & Papoušek 1990). Wohl am bekanntesten sind die Beruhigungsformen beim Schreien eines überlasteten, übererregten, hungrigen oder übermüdeten Säuglings. Die Eltern nehmen das Baby in vertikaler Körperhaltung auf den Arm, lehnen seinen Oberkörper an die Schulter, sprechen mit sanfter beruhigender Stimme, fallender Melodik und langsamem Tempo; rhythmisches Streicheln oder Beklopfen am Rücken, leichtes Vibrieren, Herumtragen und andere rhythmische Stimulationsformen wirken gleichzeitig über Berührungssinn, vestibuläre Stimulation und Bewegungssinnn. In der Regel beruhigt sich ein schreiender Säugling rasch, und die Eltern erleichtern durch ihr Verhalten den Übergang zu erholsamem Schlaf oder zu einem aufmerksamen Wachzustand mit erhöhter Interaktionsbereitschaft.

Aber auch im Vorfeld von Schreien und Unbehagen haben die Eltern ein facettenreiches Repertoire von an- und aufregenden und entspannenden Stimulationsformen parat. Abgestimmt auf seine Rückkoppelungssignale (Händchensprache, Laute, Atmung) tragen sie dazu bei, durch Steigerung oder Abschwächung ihrer Anregungsintensität das kindliche Erregungsniveau und seine Befindlichkeit zu modulieren und über möglichst lange Zeit auf optimalem Niveau im Gleichgewicht zu halten. Am Körper aufsteigende Berührungsreize mit den Fingerspitzen in kurzem stakkatoartigem Rhythmus wirken ebenso wie ansteigende Sprechmelodien in hoher Stimmlage und stakkatoartiger Dynamik erregungs- und aufmerksamkeitssteigernd und regen zum aktiven Teilnehmen am Dialog an (Papoušek 1994). Dagegen wirken am Körper herabgleitende Berührungen mit der Handfläche ebenso wie fallende niederfrequente Sprechmelodien in langsamem Tempo erregungsdämpfend.

Enge Wechselbeziehungen zwischen affektiver Verhaltensregulation und Steuerung von Aufmerksamkeit und integrativen Prozessen werden besonders bei den ersten aufregenden Erfahrungen des Säuglings mit neuen Personen oder Spielzeugen oder z. B. beim ersten Bad in einer neuen Badewanne deutlich. Das Baby signalisiert mit dem ganzen Körper, weit offenen Augen, angespannter Mimik und angespannten Fäustchen, wieviel es mobilisieren muß, um die neue Erfahrung erfolgreich zu verarbeiten (Papoušek 1984). Es sucht dabei mit Auge und Ohr nach Signalen in Mimik und Stimme der vertrauten Bezugsperson, die ihm helfen, die neue Erfahrung einzuordnen, sich bei Entwarnung explorativ auf das Neue einzulassen oder bei Warnsignalen abzuwenden und zurückzuziehen (soziale Rückversicherung).

Kompensatorische Unterstützung und Hilfe geben die Eltern dem Säugling auch beim Erreichen von Blickkontakt, der in der menschlichen Kommunikation zur Vermittlung mimischer Signale und zum Lippenlesen beim Spracherwerb von zentraler Bedeutung ist. Neugeborene sind beim Erreichen von Blickkontakt noch auf mehrfache Weise eingeschränkt. Ihre Augen- und Kopfbewegungen sind noch unkontrolliert, sie sehen nur in einer Entfernung von gut 20 cm einigermaßen scharf und dies nur im Zentrum des Blickfeldes (Schoetzau & Papoušek 1977). Ihre Verhaltenszustände fluktuieren rasch und unvoraussagbar. Die Eltern kompensieren im Bemühen um Blickkontakt die anfänglichen reifungsabhängigen Schwierigkeiten und schaffen erleichternde Rahmenbedingungen für einen anhaltenden Blickkontakt in einer Entwicklungsphase, in der der Säugling dazu aus eigener Kraft noch kaum in der Lage ist. Sie locken mit typischen Rufmelodien und Schnalzlauten und präsentieren ihr Gesicht immer wieder achsenparallel und zentral im Blickfeld des Kindes in einem Abstand von durchschnittlich 21 cm. Kindliche Blickzuwendung belohnen sie kontingent und regelmäßig mit einer Grußreaktion, mit einem prototypisch vereinfachten und kontrastreich übertriebenen Gesichtsausdruck.

Dieser Kommunikationsrahmen, der sich im Alltag des Säuglings unzählige Male wiederholt, stellt einen natürlichen Lernkontext dar, in dem alle wichtigen Voraussetzungen für erfolgreiches Lernen erfüllt sind: Kompensatorisches Erleichtern der noch nicht voll ausgereiften kindlichen Fähigkeiten, kontingente Belohnung des Lernerfolgs, einfache, gut differenzierbare Anregungen mit prototypischen Verhaltensmustern, langsames Tempo und häufige Wiederholungen und Abstimmung auf die kindlichen Signale der Integrationsbereitschaft (Papoušek 1977). Unter solchen Bedingungen kann der Säugling sich schon in den ersten Lebensmonaten mit dem elterlichen Gesicht vertraut machen und erlernen, durch sein eigenes Blickverhalten etwas auf seiten der vertrauten Bezugsperson zu bewirken, diese Zusammenhänge zu speichern, Erwartungen darauf aufzubauen und Wiederholungen der vertrauten Erfahrung zu erbitten.

Die geschilderten Beispiele betreffen adaptive regulatorische „Entwicklungsaufgaben“ der frühen Kindheit. Sie sind Beispiele aus einem breiten Repertoire intuitiver elterlicher Verhaltensbereitschaften, die im frühen Säuglingsalter normalerweise in allen alltagsrelevanten Kontexten der vorsprachlichen Kommunikation zum Tragen kommen. Das elterliche Kommunikationsverhalten kompensiert die anfängliche Unreife und unterstützt die postnatalen Regulations- und Anpassungsprozesse des Säuglings. Es erleichtert den Übergang zu Schlaf oder zu guten Wachphasen, in denen der Säugling aufnahme- und interaktionsbereit ist, Blickkontakt einüben kann und lernt, seine Erfahrungen mit der Umwelt gut zu integrieren und ruhige Kommunikationsformen zu entwickeln. In kleinen schrittweisen Erfolgen werden so die anfänglichen Entwicklungsaufgaben der frühen Anpassung gemeinsam gelöst.

Dabei wirken die Rückkoppelungssignale, vor allem Blickzuwendung, Lächeln und wohlklingende Tönchen, als Quelle intensiver Belohnung und Bestärkung des elterlichen Selbstwertgefühls und der intuitiven Verhaltensbereitschaften. Es entsteht ein Kreislauf einer „positiven Gegenseitigkeit" (Stierlin 1987). Die vorsprachliche Kommunikation wird damit zu einem Puffersystem, das anfängliche Anpassungsprobleme auf seiten des Kindes wie auch auf seiten der Eltern bis zu einem gewissen Grad auffangen und bewältigen kann. Im Zusammenspiel von kindlichen und elterlichen Prädispositionen, von kindlichen selbstregulatorischen Kompetenzen und intuitiven elterlichen Kompetenzen in der vorsprachlichen Kommunikation wurzeln Selbstheilungskräfte, die möglicherweise auch ernstere Belastungen kompensieren können.

Die Münchner Sprechstunde für Schreibabies

Das Zusammenspiel von kindlicher Selbstregulation und intuitiver elterlicher Kompetenz und die ihm innewohnenden protektiven Kräfte bilden den Kern eines entwicklungspsychopathogenetischen Modells, das wir im Einklang mit den Konzepten und Ergebnissen der interdisziplinären Frühentwicklungsforschung entwickelt haben (Abb. 1).

Der erste Schritt zur Vervollständigung des Modells ist die Frage nach Belastungs- und Risikofaktoren, die die psychobiologischen Voraussetzungen des Kindes und/oder der Eltern beeinträchtigen und die frühe wechselseitige Anpassung stören können.

Diese Frage legte seinerzeit den Grundstein für die „Münchner Sprechstunde für Schreibabies", die ich vor 3½ Jahren im Rahmen der Forschungs- und Beratungsstelle „Frühentwicklung und Kommunikation" am Kinderzentrum München einrichten konnte (Papoušek et al. 1994). Die Arbeit hat zwei Schwerpunkte: zum einen die „Sprechstunde für Schreibabies" mit dem Nahziel, Familien mit einem „schwierigen Säugling" konkret Diagnostik, Beratung und Behandlung anzubieten; zum anderen ein Forschungsprogramm über Entstehungsbedingungen, Manifestationsformen, Differentialdiagnostik, Verlauf und Prognose von frühen Störungen der kindlichen Verhaltensregulation und der Eltern-Kind-Beziehungen – mit dem hochgesteckten Fernziel, erforderliche wissenschaftliche Grundlagen für die Früherkennung und Prävention von langfristigen Störungen der psychischen und psychosozialen Entwicklung zu erarbeiten. Dabei ist die interdisziplinäre Zusammenarbeit von Pädiatern, Entwicklungsneurologen, Entwicklungspsychologen und Therapeuten eine unverzichtbare Grundlage.

Die Arbeit ist auf eine Gruppe von gemeinhin als gesund betrachteten Säuglingen mit alltäglichen Bagatellproblemen (Schreien, Schlaf- und Fütterstörungen) ausgerichtet, wie sie jeder Kinderarzt in der Praxis etwa bei jeder achten Familie antrifft. Es geht um den „schwierigen" Säugling mit den berühmten „Blähungen", der chronisch unruhig ist, oder unstillbar und grundlos schreit, der auch bei stundenlangem Herumtragen nicht in den Schlaf findet und nach wenigen Minuten wieder aufschreit, der schlecht trinkt, der sich nicht ankuschelt und trösten läßt, der in seinen Signalen unverständlich und in seinen Bedürfnissen unvoraussagbar ist.

Ein Fallbeispiel aus dem Alltag der Sprechstunde soll dazu dienen, das entwicklungspsychopathogentische Modell und seine klinische Anwendbarkeit für Frühdiagnostik und präventive Intervention zu veranschaulichen.

Fallbeispiel: Vorstellungsgrund. Ein fünfmonatiges Mädchen, Eva, wird in der Sprechstunde für Schreibabies vorgestellt, weil die Dreimonatskoliken sich nicht wie erhofft mit drei Monaten ausgewachsen hatten. Die Mutter berichtet über anhaltende chronische Unruhe und unerklärbare Schreiattacken. Schreiepisoden nach dem Stillen wecken bei der Mutter die Sorge, nicht genug Milch zu haben. Eva trinkt sehr langsam und so angestrengt, daß sich ihr Gesicht anspannt, die Fäustchen fest verkrampfen und sie keinen Blick für die Mutter übrig hat. Die Blickabwendung verunsichert die Mutter zutiefst, und sie erlebt die geballten Fäustchen so, als ob Eva mit ihr böse sei und sie ablehne. Auch zwischen den Mahlzeiten war die Mutter bis zur Erschöpfung in pausenlosem Einsatz gefordert, um die schreiende Eva durch Herumtragen oder Herumhüpfen auf einem Gymnastikball zur Ruhe zu bringen. Der Nachtschlaf wurde durch wiederholte Schreiattacken gestört, wobei Eva vier bis fünf Stillmahlzeiten in der Nacht verlangte und nur im Bett der Eltern wieder einschlief.

Chronische Erschöpfung und Schlafdefizit führten schließlich bei der Mutter zu einer akuten Krise. Zu Hause wuchs ihr die zunehmende Unordnung in der engen Wohnung über den Kopf. Gefühle von Ohnmacht und Verzweiflung weckten Fluchtphantasien, Impulse, das Baby an den nächsten besten auf der Straße loszuwerden, und entsprechende Schuldgefühle.

Entwicklungsdynamik früher Störungen der Verhaltensregulation und der Eltern-Kind-Beziehungen

Das in Abb. 1 veranschaulichte entwicklungspsychopathogenetische Modell zeigt auf, unter welchen Bedingungen es bei so alltäglichen Problemen zu einer derart dramatischen Krise kommen kann.

Dabei ist zunächst zu betonen, daß sich bei der Mehrzahl solcher und ähnlicher Fälle die Probleme in der Tat „wie von selbst" „auswachsen" – und zwar nicht nur infolge kindlicher Reifungsprozesse, sondern auch dadurch, daß die Selbstheilungskräfte der vorsprachlichen Kommunikation geweckt werden. Sie können ausreichen, um die Schwierigkeiten zu kompensieren und selbst unter ungünstigen Bedingungen die Weichen in Richtung einer positiven Gegenseitigkeit zu stellen.

Es ist jedoch aus experimentellen Studien bekannt, daß unstillbares, grundloses Schreien Mütter und Väter in ihrer eigenen postpartalen Anpassung an die Elternrolle erheblich belasten und gefährden kann (Abb. 2). Säuglingsschreien ist biologisch darauf angelegt, die soziale Umwelt durch sympathikotone und psychische Erregung in Alarmbereitschaft zu versetzen (Boukydis & Burgess 1982). Chronische Unruhe bei Tag und Nacht hat daher in erster Linie chronische Erregung, Schlafdeprivation und Erschöpfung zur Folge. Dazu kommt das Erleben eigener Ohnmacht und Versagens beim erfolglosen Bemühen, das Kind zu stillen und zu beruhigen. Das heißt, Abschied zu nehmen vom Traum, eine perfekte Mutter zu sein, was eine tiefe Kränkung des mütterlichen Selbstwertgefühls und/oder Symptome von Antriebshemmung und Depression auslösen kann.

Gleichzeitig muß die Mutter von ihren vorgeburtlichen Phantasien eines pflegeleichten Traumbabies Abschied nehmen. Ein Baby zu trösten, ist im allgemeinen keine Kunst; ein grundlos und unstillbar schreiendes Baby jedoch, das sich durch nichts beruhigen läßt, löst in der Regel wachsende Erregung aus, die plötzlich in schwer kontrollierbare, ohnmächtige Wut mit aggressiven Phantasien oder Fluchtphantasien umschlagen kann. In der Folge plagt sich eine solche Mutter fast immer mit verzweifelten Selbstvorwürfen und Ängsten, das eigene Kind nicht genug zu lieben. Der Widerstreit von Gefühlen, die durch unstillbares Schreien heraufbeschworen werden, kann schließlich latente neurotische Konflikte in Bezug auf die Partnerschaft, die Beziehung zu den eigenen Eltern oder die eigene Rollenidentität aktualisieren und akute Krisen auslösen.

Kritisch für die frühen Eltern-Kind-Beziehungen wird es vor allem dann, wenn unter solchen Bedingungen auch die intuitive elterliche Förde-

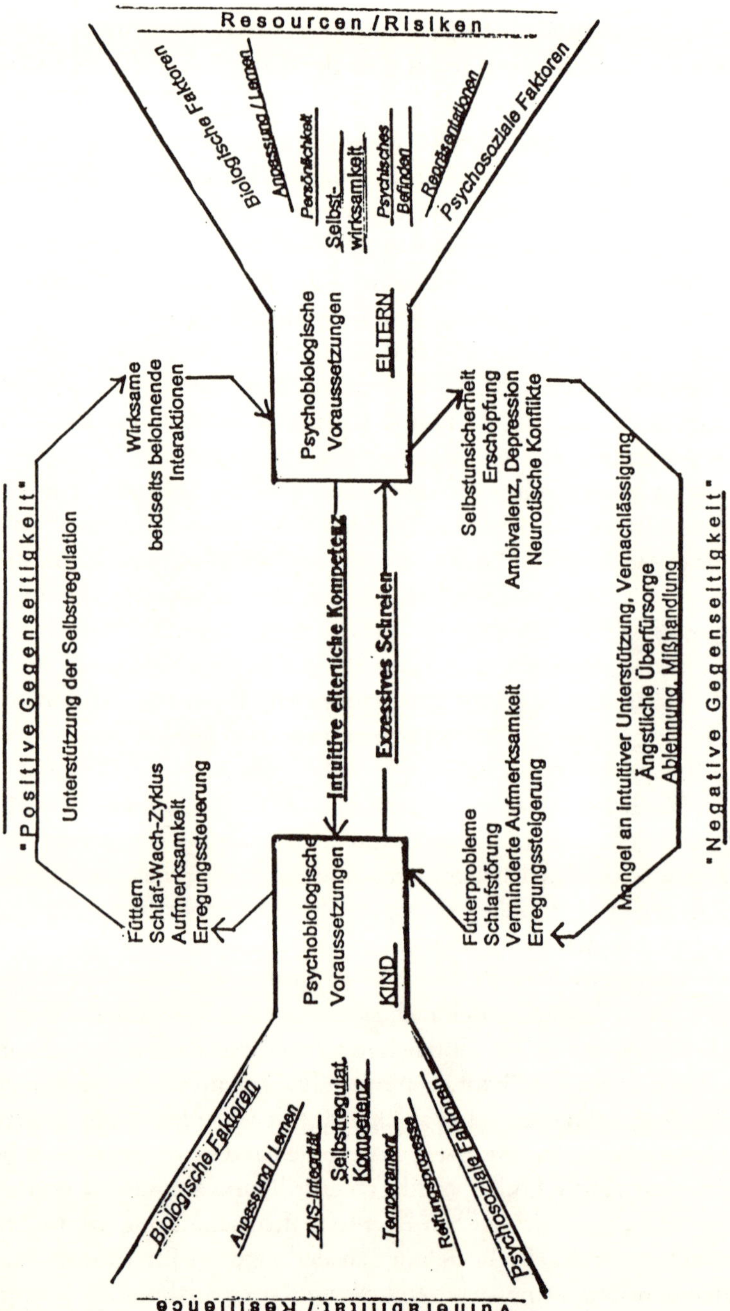
Resourcen / Risiken
Biologische Faktoren
Anpassung / Lernen
Persönlichkeit
Selbst-wirksamkeit
Psychisches Befinden
Repräsentationen
Psychosoziale Faktoren
Psychobiologische Voraussetzungen
ELTERN
Wirksame beidseits belohnende Interaktionen
Selbstunsicherheit
Erschöpfung
Ambivalenz, Depression
Neurotische Konflikte
"Positive Gegenseitigkeit"
Unterstützung der Selbstregulation
Intuitive elterliche Kompetenz
Exzessives Schreien
Mangel an intuitiver Unterstützung, Vernachlässigung
Ängstliche Überfürsorge
Ablehnung, Mißhandlung
"Negative Gegenseitigkeit"
Füttern
Schlaf-Wach-Zyklus
Aufmerksamkeit
Erregungssteuerung
Fütterprobleme
Schlafstörung
Verminderte Aufmerksamkeit
Erregungssteigerung
Psychobiologische Voraussetzungen
KIND
Biologische Faktoren
Anpassung / Lernen
ZNS-Integrität
Selbstregulat. Kompetenz
Temperament
Reifungsprozesse
Psychosoziale Faktoren
Vulnerabilität / Resilience

Abb. 1.

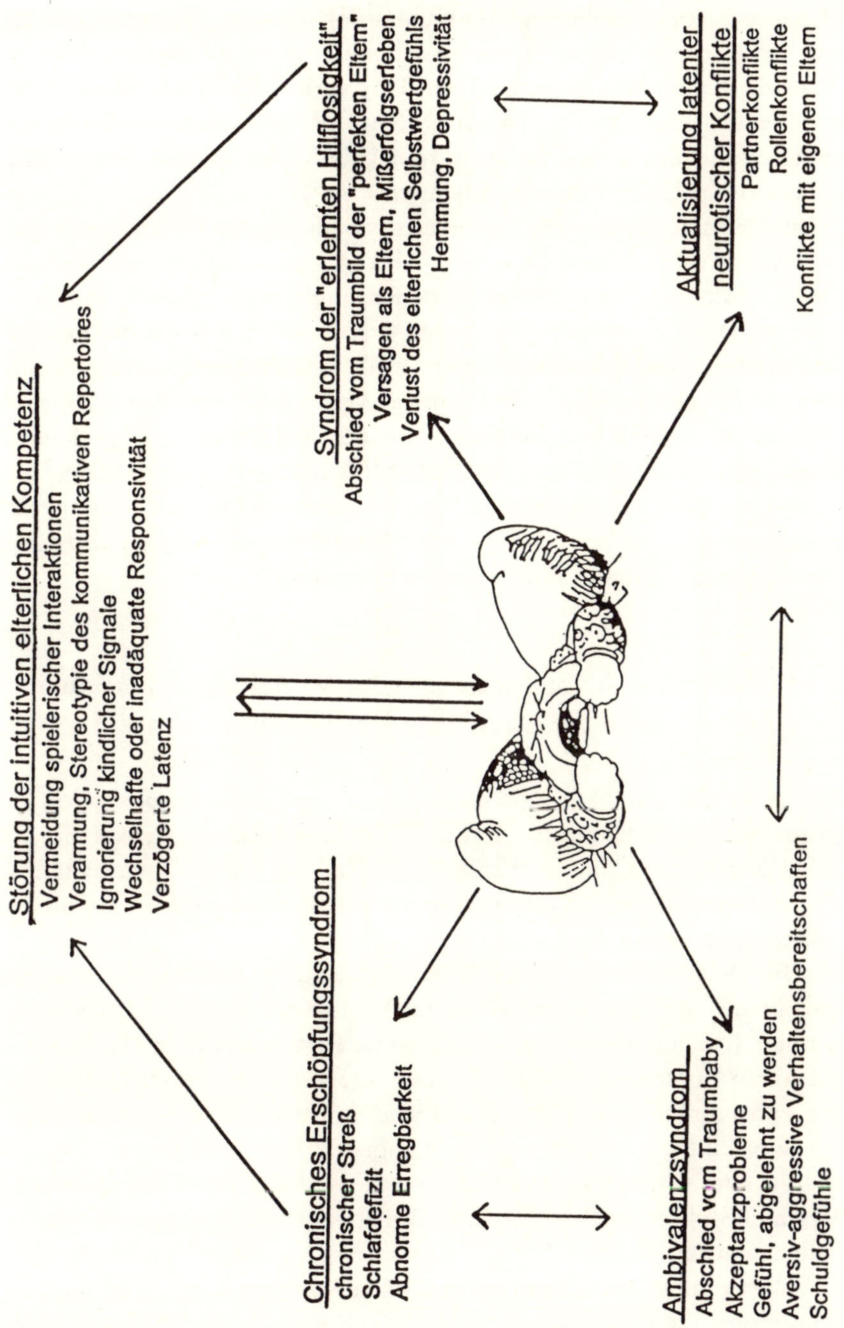
Störung der intuitiven elterlichen Kompetenz
Vermeidung spielerischer Interaktionen
Verarmung, Stereotypie des kommunikativen Repertoires
Ignorierung kindlicher Signale
Wechselhafte oder inadäquate Responsivität
Verzögerte Latenz
Syndrom der "erlernten Hilflosigkeit"
Abschied vom Traumbild der "perfekten Eltern"
Versagen als Eltern, Mißerfolgserleben
Verlust des elterlichen Selbstwertgefühls
Hemmung, Depressivität
Aktualisierung latenter neurotischer Konflikte
Partnerkonflikte
Rollenkonflikte
Konflikte mit eigenen Eltern
Chronisches Erschöpfungssyndrom
chronischer Streß
Schlafdefizit
Abnorme Erregbarkeit
Ambivalenzsyndrom
Abschied vom Traumbaby
Akzeptanzprobleme
Gefühl, abgelehnt zu werden
Aversiv-aggressive Verhaltensbereitschaften
Schuldgefühle

Abb. 2.

rung in der vorsprachlichen Kommunikation versagt. Die intuitiven elterlichen Kompetenzen können so nachhaltig blockiert werden, daß die Eltern die Kommunikation mit dem Baby vermeiden, auch dann, wenn es aufnahme- und interaktionsbereit wäre. Über seine primären Probleme hinaus erfährt das Kind dann ein zusätzliches Risiko: es muß die normale regulatorische Unterstützung entbehren.

In der Folge nehmen die Probleme des Säuglings zu – mit ihren negativen Rückwirkungen auf die Eltern (Abb. 1). Unter solchen Bedingungen kann das System vorübergehend oder auch langfristig entgleisen, vor allem dann, wenn die elterlichen Ressourcen bereits durch primäre biologische oder psychosoziale Belastungen oder neurotische Konflikte erschöpft sind. Ein Circulus vitiosus der „negativen Gegenseitigkeit" (Stierlin 1976) entsteht, an dessen Ende es in besonders ungünstigen Fällen zu tiefgreifender Ablehnung, Vernachlässigung oder gar Mißhandlung kommen kann. Das dynamische Gleichgewicht hat sich verschoben: auf Kosten positiver entspannter und wechselseitig belohnender Interaktionen beginnen beidseitig negativ erlebte Schrei-Interaktionen zu überwiegen.

Frühdiagnostik von Störungen der Verhaltensregulation und der Eltern-Kind-Beziehungen

Was ist zu tun, um das entgleiste System in die Gleise der positiven Gegenseitigkeit zurückzuführen, um die Selbstheilungskräfte der vorsprachlichen Kommunikation zu reaktivieren? Um die Entwicklungsdynamik des gesamten Systems zu erfassen, ist zunächst eine sorgfältige interdisziplinäre Diagnostik erforderlich.

Die Diagnostik der Eltern-Kind-Beziehungen und ihrer Störungen schließt im Säuglingsalter vor allem drei Ebenen der Analyse ein: das beobachtbare Kommunikationsverhalten beider Partner in alltags- und altersrelevanten Kontexten (Füttern, Bettzeit-Interaktionen, Schrei-Interaktionen, entspanntes Zwiegespräch und Spiel); die elterlichen Repräsentationen (Einstellungen, Attributionen, Phantasien, Erziehungsvorstellungen); und die elterlichen Ressourcen (psychische und physische Befindlichkeit, Beziehungsfähigkeit, Partnerschaft, Beziehungen zu den eigenen Eltern, Rollenidentität, soziales Netz). Dazu kommen gezielte Untersuchungen zu Vulnerabilität und selbstregulatorischer Kompetenz des Säuglings, zu neuromotorischer Regulation, Schlaf-Wach-Regulation, affektiver Erregungssteuerung und integrativen Prozessen.

Alle Befunde werden so weit wie möglich unter standardisierten Bedingungen erhoben (halbstrukturiertes Interview, Fragebögen, standardisierte Beobachtungskontexte) und sorgfältig als Grundlage für spätere wissenschaftliche Auswertungen dokumentiert.

Fallbeispiel: Ergebnisse der Frühdiagnostik. Den Untersuchungen nach gehörte Eva zu den primär „schwierigen" Säuglingen, mit Reifungsverzögerungen in ihren selbstregulatorischen Fähigkeiten und in der neuromotorischen Entwicklung. Durch alle Verhaltensbeobachtungen zog sich bei Eva ein auffälliges Reaktionsmuster auf neue intensive Reize oder Überstimulation: starke Erregung mit heftiger Atmung und Schwitzen, geballten Fäustchen und angespannt zusammengezogenen Augenbrauen – bei gleichzeitig überschießender Gegenregulation und Hemmung mit Starren, Blickvermeidung, regungsloser Habachtstellung oder Abwehr, unterdrücktem Weinen und Unfähigkeit, die Aufmerksamkeit zu fokussieren. Dies Muster wiederholte sich beim Stillen, das sie sehr anstrengte, bei der ärztlichen Untersuchung und beim Zwiegespräch mit Mutter und Vater.

Auch neuromotorisch war Eva nicht optimal reguliert. Wie für viele regulationsgestörte Säuglinge typisch, bestand eine auffällige Diskrepanz zwischen einer Rumpfhypotonie mit Aufrichtungsmangel und heftiger Abneigung gegen die Bauchlage und einem frühen Drang, in die Vertikale zum Stehen zu kommen. Ihr Aufblühen in der vertikalen Position verleiteten die Eltern, dem Schreien immer wieder zu beantworten, Eva auf die Füße zu stellen und damit ihrem Drang, über ihre Verhältnisse zu leben, nachzugeben. Beide Störungsbilder waren Ausdruck einer kindlichen Störung der Verhaltensregulation, die vermutlich auch den Schreiepisoden und Fütter- und Schlafproblemen zugrundelag.

Aufrechterhalten wurden die kindlichen Probleme durch eine Entgleisung der vorsprachlichen Kommunikation in allen relevanten Kontexten und den damit verbundenen Mangel an intuitiver elterlicher Unterstützung.

Auch beim Zwiegespräch mit der Mutter fiel Eva durch Starren, angespannte Mimik, Blickvermeidung, motorische Hemmung und gelegentliche Abwehrbewegungen auf. Die Muter ließ ein vielfältiges Repertoire an intuitiven elterlichen Verhaltensbereitschaften erkennen, die sie jedoch ohne Rücksicht auf die kindlichen Signale der Abwehr einsetzte. In hilflosem Bemühen um Blickkontakt neigte die Mutter zu Überstimulation und Zudringlichkeit.

Aufschlußreich war auch die zweite Episode, in der die Mutter zu diagnostischen Zwecken gebeten wurde, für zwei Minuten nicht auf das Kind zu reagieren. Wie erlöst von einem Zuviel an Stimulation begann Eva in dieser sog. „Still-face-Situation", spontan und ausdauernd Blickkontakt zu suchen. Ihr charmantes Werben um eine mütterliche Reaktion wurde für die Mutter ungeplant zu einer elementaren Erfahrung, die ihr deutlich machte, daß Eva sie nicht ablehnte. Einen Moment lang konnte sich die Mutter glücklich entspannen. Nach nur zwölf Sekunden jedoch fielen Mutter und Tochter in das entgleiste, eingefahrene Kommunikationsmuster zurück.

Eine Ursache der dekompensatorischen Entgleisungen der Kommunikation lag in den erschöpften Ressourcen der Mutter. Bei ihr traten alle bekannten Auswirkungen des exzessiven Schreiens zutage: Sie bot das Bild einer agitierten Depression im Wochenbett mit hochgradiger Erschöpfung, Irritabilität, Schlafdefizit, Selbstunsicherheit und Vermeidung von entspannten Zwiegesprächen, zu Zeiten, in denen Eva dazu bereit gewesen wäre. Auf die unstillbare Unruhe reagierte die Mutter mit Ambivalenz, aversiven Phantasien, das Baby loszuwerden, Schuldgefühlen und Angst vor kränkender Ablehnung.

Zur Erschöpfung der mütterlichen Reserven trugen aber nicht nur Schreien, Schlaf- und Fütterstörungen bei, sondern auch eine Reihe psychosozialer Belastungsfaktoren, die die Mutter bereits zu Beginn der Schwangerschaft unter Druck gesetzt hatten. Die Schwangerschaft kam früher als geplant, da der Vater nach mehreren Anläufen noch keine abgeschlossene Berufsausbildung geschafft hatte und die beruflich erfolgreichere Mutter den Lebensunterhalt verdienen mußte. In dieser Situation machte ihr ihre eigene Mutter schwere Vorwürfe und legte ihr, statt Hilfe anzubieten, einen Abbruch der Schwangerschaft nahe. Die Mutter entschloß sich jedoch mit ihrem Mann, die Schwangerschaft auszutragen. Sie wollte ihrer Mutter beweisen, daß sie es schaffen würde, die Familie durchzubringen und eine perfekte Mutter zu sein. Die Rechnung konnte nicht aufgehen: Eva geriet nicht zu einem pflegeleichten Traumtöchterchen, sondern zu einem „schwierigen“ Säugling, bei dem die Mutter mit ihrem Leistungsanspruch bald überfordert war und nur versagen konnte. Dies umso mehr, als sie ihre Hilfsbedürftigkeit gegenüber Mann und Herkunftsfamilie nicht signalisierte. Im Gegenteil suchte sie ihren Mann zu schonen, und fand entsprechend weder bei ihm noch bei Eltern oder Schwiegereltern Entlastung, viellmehr stieß sie auf allen Seiten auf Vorwürfe, Auseinandersetzungen und Streit.

Auf der Ebene der mütterlichen Ressourcen war die Bilanz demnach ausgesprochen negativ, insbesondere durch Aktualisierung neurotischer Konflikte in der Partnerschaft und in den Beziehungen zu ihren Eltern.

Einen Schlüssel zum Verständnis der Entgleisungen der Kommunikation fanden sich in den mütterlichen Kommentaren während des Stillens. Sie erlebte die angespannte Mimik, die Blickabwendung und die Fäustchen als Ausdruck von kindlichem Zorn. Sie mißinterpretierte die kindlichen Überlastungssignale als Ausdruck von Ärger über ihr mütterliches Versagen, als Ablehnung und gerechte Strafe, und konnte deshalb nicht angemessen reagieren.

Die Ebene der mütterlichen Repräsentationen schien von einem Thema beherrscht zu sein: leisten müssen, um geliebt zu werden. Ihr Versagen im Umgang mit dem schwierigen Baby erlebte sie als Ursache für die vermeintliche kindliche Ablehnung. Die „Gespenster im Kinderzimmer“ waren erwacht (Fraiberg, Adelson & Shapiro 1977), die „böse Fee“, die die Wahrnehmung des realen Kindes verzerrte. Hinter Blickabwendung und Fäustchen erschien ihre eigene Mutter als strafende Instanz, die die Tochter wegen Schwangerschaft und Partnerwahl verurteilte und ablehnte.

Es ist immer wieder erstaunlich, welches Maß an entwicklungspathogentischen Informationen und Zusammenhängen bei jungen Familien mit einem Schreibaby gewöhnlich in nur ein bis zwei Sitzungen zu Tage kommt. Dies ist sicherlich eine Besonderheit der postnatalen Anpassungsprozesse, die die frühe präventive Arbeit so wirksam und erfolgreich macht. Man braucht sich gewöhnlich nicht durch Widerstände und Rekonstruktionen hindurch vorzuarbeiten – und kann dagegen gewissermaßen in statu nascendi vorbeugend in entwicklungspathogenetische Zusammenhänge eingreifen, und dies oft mit bescheidenen und einfachen Mitteln.

Präventive Beratung und Therapie

Damit komme ich abschließend zu Beratung und Therapie, die mit dem ersten Gespräch einsetzen, unmittelbar auf der individuellen Diagnostik aufbauen und ebenfalls das pathogenetische Modell zugrundelegen. Was wir konkret tun, ist oft nicht mehr als eine Weichenstellung, mit dem Hauptanliegen, die dekompensatorische Entgleisung der Kommunikation aufzuhalten, zur psychophysischen Entlastung beizutragen, blockierte intuitive elterliche Verhaltensbereitschaften freizusetzen und den Weg für autotherapeutisch wirksame entspannte Formen der Kommunikation zu bahnen.

Je nach den im Vordergrund stehenden Problemen wird die Kommunikationsanleitung durch eine zeitlich limitierte Gesprächspsychotherapie, durch Physio- oder Ergotherapie des Kindes und durch Beratungsangebote flankiert. Letztere beinhalten konkrete Hilfen zur Strukturierung des Tagesablaufs, zu Einschlafroutinen, Schlafgewohnheiten und Bettzeit-Interaktionen, zum Handling und zur Nahrungsaufnahme. Bei einem relativ kleinen Teil der Familien scheint darüberhinaus eine Indikation zu einer längerfristigen individuellen Psychotherapie, Paar- oder Familientherapie gegeben zu sein. In solchen Fällen wird der gesprächstherapeutische Rahmen genutzt, um den Boden für den Beginn einer Therapie vorzubereiten.

Fallbeispiel: Intervention. Auch bei Eva und ihrer Familie wurde die Behandlung parallel auf verschiedenen Ebenen angesetzt.

Als Voraussetzung für alle weiteren Schritte galt es, die mütterlichen Ressourcen zu verbessern – durch möglichst rasche körperliche und seelische Entlastung. Dies gelang durch eine aktivere Einbindung des Vaters und durch die diagnostischen Gespräche, bei denen die Mutter viel von dem angestauten Druck ablassen konnte. Konkrete Beratungshilfen zum Stillen und Ein- und Durchschlafen wurden von beiden Eltern mit Interesse aufgegriffen und erfolgreich umgesetzt. Es gelang, den Ablauf des 24-Stunden-Tages merklich zu entspannen und der Mutter kleine Freiräume für sich selbst und für die Partnerschaft zu erschließen.

Zusätzlich wurden Evas neuromotorische und selbstregulatorische Probleme gezielt mit zeitlich befristeter Krankengymnastik und Elementen der sensorischen Integration behandelt.

Das entscheidende Element der Intervention war jedoch Evas eigener Beitrag während der Verhaltensbeobachtungen: im Kontext der Stillface-Situation hatte die Mutter erlebt, daß Eva sie nicht ablehnte und verurteilte, sondern spontan und mit großer Ausdauer Kontakt mit ihr suchte. Dank dieser elementaren Erfahrung war die Kommunikationsanleitung ein Leichtes. Der Mutter gelang es rasch, die Abwehrsignale ihres Kindes in ihrer Bedeutung als selbstregulatorische Reaktion auf jede allzu intensive Stimulation zu verstehen. Ebenso schnell gelang es ihr, im Zwiegespräch mit dem Jungen allein dadurch seine Blickzuwendung zu erreichen, daß sie ihm die Initiative und Steuerung überließ und erst auf seine Signale der Zuwendung kontingent reagierte. Darüberhinaus wurde den Eltern „verordnet", Evas Wachzeiten zu nutzen und immer dann entspannte, spielerische Interaktionen mit ihr zu genießen, wenn sie sich interaktionsbereit zeigte.

Drei Termine insgesamt reichten, um die akuten Probleme der Schreiattacken, Fütter- und Schlafprobleme und der mütterlichen Depression zu beheben. Aus der Befürchtung heraus, daß spätere Belastungen eine erneute Krise in der Partnerschaft auslösen könnte, wurde auch damit begonnen, im Gespräch mit beiden Eltern den Boden für eine Partnerschaftstherapie vorzubereiten. Eva blieb vom Temperament her ein lebhaftes, äußerst aktives Kind, das sich in der Folgezeit psychisch unauffällig entwickelte.

Abschließende Bemerkungen

Die Fallgeschichte veranschaulicht ein typisches Beispiel einer frühen Störung der Verhaltensregulation und der Eltern-Kind-Beziehungen, einen Fall von über 200 Säuglingen im Alter zwischen 1 und 24 Monaten, die in der Münchner Sprechstunde für Schreibabies in den letzten drei Jahren auf ähnlich differenzierte Weise untersucht und behandelt wurden. Noch immer lernen wir bei jedem Fall dazu und erleben ihn in Symptomatik, Schweregrad, Verlauf und Prognose als einzigartig. Die umfangreichen wissenschaftlichen Analysen der dokumentierten Daten stehen vor dem Abschluß. Einige wichtige Ergebnisse lassen sich wie folgt zusammenfassen.

1. Im Säuglingsalter manifestieren sich psychische Störungen in phasenspezifischen Störungen der adaptiven Verhaltensregulation. Zu den häufigsten Abweichungen in der Frühentwicklung gehören chronische Unruhe, exzessives Schreien, Schlaf- und Fütterstörungen. Dabei sind immer auch die Eltern-Kind-Beziehungen in Mitleidenschaft gezogen. Nur selten lassen sich Störungen der Eltern-Kind-Beziehungen als alleinige Ursache ausmachen. Sie tragen aber oft dazu bei, die Verhaltensregulationsstörungen aufrechtzuerhalten. Frühe Störungen

können im Säuglingsalter dramatische Formen annehmen, sind jedoch in den meisten Fällen durch überraschend einfache Interventionen mit geringem Aufwand beeinflußbar.

2. Die realen Störungen der frühen Kindheit verdienen um ihrer selbst willen Beachtung, unabhängig davon, ob sie womöglich Vorboten späterer „Frühstörungen" sind oder nicht. Sie verdienen Beachtung, da sie eine Risikogruppe eigener Art darstellen, mit einem hohen Anteil multipler, einander potenzierender biologischer und psychosozialer Belastungsfaktoren. Der Bedarf an interdisziplinärer entwicklungspsychopathologischer Forschung auf diesem Gebiet ist ebenso hoch wie der Mangel an qualifizierten Beratungs- und Therapieangeboten.
3. Das dargestellte entwicklungspsychopathogenetische Modell, das auf den Grundlagen der modernen entwicklungspsychobiologischen Forschung aufbaut, hat sich in der klinischen Anwendung für Diagnostik, präventive Intervention und Therapie als tragfähiges Konzept erwiesen, ebenso wie für die empirische Erforschung der Entwicklungsbedingungen und Folgen früher Störungen. Im Zusammenspiel von selbstregulatorischen Kompetenzen und intuitiver elterlicher Förderung können im Rahmen der vorsprachlichen Kommunikation Selbstheilungskräfte wirksam werden, aber auch frühe Störungen ihren Anfang nehmen. Hier die Diagnostik und präventive Beratung anzusetzen, hat sich unseren klinischen und wissenschaftlichen Ergebnissen nach bewährt.
4. Relativ schwierig sind frühe Störungen der Eltern-Kind-Beziehungen zu behandeln, wenn die Mutter oder beide Eltern selbst psychische Störungen und/oder neurotische Beziehungsstörungen aufweisen, die einer eigenen Psychotherapie, Partnerschafts- oder Familientherapie bedürfen. Für solche Familien ist eine interdisziplinäre Zusammenarbeit von Pädiatern und Entwicklungspsychologen auf der einen und Psychotherapeuten oder Psychiatern auf der anderen Seite zu empfehlen.

Ob und welche Formen früher Störungen erste Symptome oder Vorboten von späteren „Frühstörungen" sind und unter welchen Bedingungen sie entstehen, wird die Wissenschaft noch lange beschäftigen. Es ist zu hoffen, daß der in Gang gekommene Dialog zwischen empirischen Frühentwicklungsforschern und Psychotherapeuten zur Verbesserung der Entwicklungschancen unserer Säuglinge und zur Prävention langfristiger Störungen beitragen wird.

Literatur

Achenbach, T.M. (1974) Developmental Psychopathology. Ronald, New York

Achenbach, T.M. (1988) Developmental psychopathology. In: M.H. Bornstein & M.E. Lamb (eds) Developmental psychology: An advanced textbook, rev. ed. Erlbaum, Hillsdale, NJ, pp. 549–591

Belsky, J. (1984) The determinants of parenting: A process model. Child Development 55, 83–96

Boukydis, C.F.Z. & Burgess (1982) Adult physiological response to infant cries: Effects of temperament of infant, parental status, and gender. Child Development 53, 1291–1298

Cicchetti, D. (1984) The emergence of developmental psychopathology. Child Development 55, 1–7

Dornes, M. (1993) Der kompetente Säugling: Die präverbale Entwicklung des Menschen. Fischer, Frankfurt

Emde, R. & Robinson, J. (1979) The first two months: Recent research in developmental psychobiology and the changing view of the newborn. In: Nosphitz, J.D. (ed) Basic handbook of child psychiatry, Vol. 1: Development. Basic Books, New York London, pp. 72–105

Fraiberg, S., Adelson, E. & Shapiro, V. (1975) Ghosts in the nursery. Journal of the American Academiy of Child Psychiatry 14, 387–422

Freud, S. (1920/1973) Über die Psychogenese eines Falles von weiblicher Homosexualität. Freud-Studienausgabe, Bd. VII, pp. 255–281.

Keller, H. (1989) Entwicklungspsychopathologie: Das Entstehen von Verhaltensauffälligkeiten in der frühen Kindheit. In: Keller, H. (Hg) Handbuch der Kleinkindforschung. Springer, Berlin, pp. 529–543

Köhler, L. (1990) Neuere Ergebnisse der Kleinkindforschung: Ihre Bedeutung für die Psychoanalyse. Forum Psychoanalyticum 6, 32–51

Lewis, M. & Miller, S.M. (1990) Handbook of developmental psychopathology. Plenum, New York

Lichtenberg, J. (1991) Psychoanalyse und Säuglingsforschung. Springer, Berlin

Papoušek, H. (1977) Entwicklung der Lernfähigkeit im Säuglingsalter. In: Nissen, G. (Hg) Intelligenz, Lernen und Lernstörungen. Springer, Berlin, pp. 75–93

Papoušek, H. & Papoušek, M. (1984) Learning and cognition in the everyday life of human infants. In: Rosenblatt, J.S., Beer, C., Busnel, M.-C. & Slater, P.J.B. (eds) Advances in the study of behavior, Vol. 14. Academic, New York, pp. 127–163

Papoušek, H. & Papoušek, M. (1987) Intuitive parenting: A dialectic counterpart to the infant's integrative competence. In: Osofsky, J.D. (ed) Handbook of infant development, 2nd Edition. Wiley, New York, pp. 669–720

Papoušek, H. & Papoušek, M. (1992) Beyond emotional bonding: The role of preverbal communication in mental growth and health. Infant Mental Health Journal 13, 42–52

Papoušek, M. (1984) Wurzeln der kindlichen Bindung an Personen und Dinge: die Rolle der integrativen Prozesse. In: Eggers, C. (Hg) Bindungen und Besitzdenken beim Kleinkind. Urban & Schwarzenberg, München, pp. 155–184

Papoušek, M. (1989a) Frühe Phasen der Eltern-Kind-Beziehungen: Ergebnisse der entwicklungspsychobiologischen Forschung. Praxis der Psychotherapie und Psychosomatik 34, 109–122

Papoušek, M. (1989b) Affektive Verhaltensregulation in der Eltern-Kind-Interaktion. In: Pachler, J.M. & Strassburg, H.M. (Hg) Der unruhige Säugling. Fortschritte der Sozialpädiatrie, Vol. 13. Hansisches Verlagskontor, Lübeck, pp. 203–221

Papoušek, M. (1994a) Vom ersten Schrei zum ersten Wort. Anfänge der Sprachentwicklung in der vorsprachlichen Kommunikation. Huber, Bern

Papoušek, M. (1994b) Melodies in caregivers' speech: A species-specific guidance towards language. Early Development and Parenting 3, 5–17.

Papoušek, M., von Hofacker, N., Malinowski, M., Jacubeit, T. & Cosmovici, B. (1994) Münchner Sprechstunde für Schreibabies: Erste Ergebnisse zur Früherkennung und Prävention von Störungen der Verhaltensregulation und der Eltern-Kind-Beziehungen. Sozialpädiatrie 16, 680–684

Papoušek, M. & Papoušek, H. (1981) Intuitives elterliches Verhalten im Zwiegespräch mit dem Neugeborenen. Sozialpädiatrie in Praxis und Klinik 3, 229–238

Papoušek, M. & Papoušek, H. (1990) Intuitive elterliche Früherziehung in der vorsprachlichen Kommunikation. I. Grundlagen und Verhaltensrepertoire. Sozialpädiatrie in Praxis und Klinik 12, 521–527

Papoušek, M. & Papoušek, H. (1990) Intuitive elterliche Früherziehung in der vorsprachlichen Kommunikation. II. Früherkennung von Störungen und therapeutische Ansätze. Sozialpädiatrie in Praxis und Klinik 12, 579–583

Papoušek, M. & Papoušek, H. (1990) Excessive infant crying and intuitive parental care: Buffering support and its failures in parentinfant interaction. Early Child Development and Care 65 (Special Issue), 117–126

Pine, F. (1986) The „symbiotic phase" in light of current infancy research. Bulletin Menninger Clinic 50, 564–569

Rauh, H. (1989) The meaning of risk and protective factors in infancy. European Journal of Psychology of Education 4, 161–173

Rohde-Dachser, C. (1989) Abschied von der Schuld der Mütter. Praxis der Psychotherapie und Psychosomatik 34, 250–260

Sroufe, L.A. & Rutter, M. (1984) The domain of developmental psychopathology. Child Development 55, 17–29

Sameroff, A.J. (1983) Developmental systems: Contexts and evolution. In: Mussen, P.H. (ed) Handbook of child psychology, Vol. 1. Wiley, New York, pp. 237–294

Schoetzau, A. & Papoušek, H. (1977) Mütterliches Verhalten bei der Aufnahme von Blickkontakt mit dem Neugeborenen. Zeitschrift für Entwicklungspsychologie und Pädagogische Psychologie 9, 231–239.

Stern, D.N. (1986/1992) Die Lebenserfahrung des Säuglings. Klett-Cotta, Stuttgart

Stierlin, H. (1976) Eine Phänomenologie der Gegenseitigkeit. In: Stierlin, H. Das Tun des Einen ist das Tun des Anderen. Eine Dynamik der menschlichen Beziehungen. Suhrkamp Taschenbuch, Frankfurt

Entwicklungspsychologie: Historische Entwicklungslinien und aktuelle Trends

Heiner Ellebracht

Einleitung in die Thematik

Zum Rahmenthema „Die frühe Kindheit" sollte in jedem Fall auch die Entwicklungspsychologie gehören, da sie einerseits einen wesentlichen Bestandteil der Ausbildung von Psychotherapeuten darstellt und andererseits in der täglichen Arbeit quasi im Hintergrund Grundlage vieler unserer Handlungskonzepte ist. Im psychosozialen Bereich gibt es kaum noch eine Disziplin, die ohne diese Grundlagen auskommt.

Das wahre Ausmaß dessen, was allerdings den an Entwicklungspsychologie Interessierten erwartet, wird bei der Sichtung der Literatur klar. In den Übersichten der Standardwerke von Schenk-Danzinger (1993) und Oerter/Montada (1987) gibt es insgesamt weit über 3000 Literaturangaben.

Ein solches Ausmaß kann bekanntlich sehr unterschiedliche Ursachen haben. Heutzutage hat man solche Angaben im Computer gespeichert und bei jeder sich bietenden Gelegenheit drückt man zwei bis drei Knöpfe und eine endlose Liste ergießt sich über den Bildschirm. Es kann aber auch sein und das ist in diesem Fall sicher, daß, so schreiben es Oerter und Montada, „die Entwicklungspsychologie in einer erfreulich dynamischen Entwicklung begriffen ist und die Zahl der wissenschaftlichen Publikationen stark angewachsen ist" und dies besonders im deutschsprachigen Raum. Beim näheren Hinsehen auf die schier endlose Liste wird klar, daß man trotz aller Bemühungen kein vollständiges Bild der Entwicklungspsychologie vermitteln kann.

Ein weiterer Aspekt begleitete mich während der Vorbereitung erheblich. Seit Anfang dieses Jahres haben wir, d. h. meine Frau und ich, das Glück, Eltern eines kleinen Sohnes zu sein.

Natürlich tauchten sehr bald die ersten Fragen auf, wie denn nun eine „richtige" Entwicklung zu gestalten sei. Sicherlich kennt jeder von Ihnen den Anspruch, nach soviel Leid und Elend, das man aufgrund von vermeintlichen Entwicklungsstörungen in der Praxis erlebt hat, nun alles richtig machen zu wollen. Man kann viele Bücher wälzen, sich viel erklären lassen, aber zum Glück haben es wohl Kinder so an sich, daß sie nicht das Ende des Literaturstudiums abwarten. Sie haben eher Hunger, Durst, wollen getragen und geherzt werden, sie suchen nach Nähe und Beschäftigung. Etwas später stellten auch wir fest, wie vor uns vermutlich viele andere, daß Entwicklung etwas ist, was scheinbar wie von selbst verläuft. Manchmal empfinde ich Entwicklung eher als ein großes Wunder, denn als ein wissenschaftlich exakt zu beschreibendes Phänomen.

Aber nehmen wir einmal an, man könnte uns jetzt in Transaktion mit unserem Kind längere Zeit beobachten, mit Videokameras, hinter Einwegscheiben, mit vielen unterschiedlichen Statistikbögen usw., vielleicht könnten dann prospektive Rückschlüsse auf die Entwicklung des Nachwuchses gezogen werden. Möglicherweise könnten psychopathologische Entwicklungen vorhergesehen werden, vielleicht sogar erste Anzeichen für besondere Begabungen oder auch Schwächen deutlich werden.

Hier begeben wir uns jetzt schon in das Feld der Methodik und der angewandten Entwicklungspsychologie. Um ehrlich zu sein, ich wollte es, glaube ich, gar nicht wissen, denn unser Kind ist (natürlich abgesehen von Ihren eigenen) das schönste, geschickteste und intelligenteste und hat eine große Zukuft vor sich. Nicht, das Sie mich falsch verstehen, dies ist sicherlich keine Kritik der Entwicklungspsychologie, im Gegenteil. Ich möchte nur nicht das Wunderbare vergessen, was sich hinter der ernsthaften Beschäftigung mit diesem Fach verbirgt. Entwicklung bedeutet für mich Leben, Wachsen, Wandel und Veränderung oder wie es Urie Bronfenbrenner 1981 sagte: „Die menschliche Entwicklung handelt vom sich verändernden Individuum in einer sich wandelnden Umwelt."

Eine von mir sehr verehrte, 1987 verstorbene Lehrerin, Virginia Satir, (sie gilt als Begründerin der entwicklungsorientierten Familientherapie) sagte, daß zur Entwicklung unabdingbar das Wachstum und die Veränderung gehöre und daß sich jeder Mensch von der Position aus, auf der er sich gerade befindet, in Richtung auf eine größere Entfaltung seiner Potentiale entwickeln will und daß letztlich jedes Verhalten eines Menschen als Versuch verstehbar ist, zu wachsen, anderen nahe zu sein, sich selbst zu schützen und zu erhalten (Nerin 1984).

Ausgewählte Beispiele aus der Entwicklungspsychologie

Bevor ich zu den Entwicklungslinien der Entwicklungspsychologie komme und Linien gehen ja normalerweise von A nach B, möchte ich zu der schon erwähnten riesigen Literaturliste zurückkehren, um Ihnen ein Eindruck von der Breite dieses Faches zu geben. Gewissermaßen möchte ich Sie für einen Moment in die Welt jenseits von A und B führen. Was gibt es von C bis Z?

Womit beschäftigt sich die Entwicklunspsychologie? Bewußt grob vereinfachend, werde ich zur Beantwortung dieser Frage einige Beispiele der angewandten Entwicklungspsychologie herausgreifen.

Was passiert vor der Geburt?

Rauh (1987) benennt vier wesentliche Fragen, die den Entwicklungspsychologen an der vorgeburtlichen Entwicklung interessieren:

- „Wie entwickeln sich die neurologischen Grundlagen für Wahrnehmung und Verhalten?
- Wie entsteht intrauterin Verhalten und finden bereits intrauterin Lernprozesse statt?
- Liefert die vorgeburtliche Entwicklung Modelle für die spätere Entwicklung?
- Welche Gefährdungen aus der vorgeburtlichen Zeit können sich langfristig auf die psychische Entwicklung des Kindes auswirken?“

Ein Beispiel dazu: Seit ca. zwanzig Jahren weiß man, daß Föten bereits sehr differenziert Musik hören können. Liley (1972) fand heraus, „daß Vivaldi und Mozart den Fötus beruhigen, während Brahms und Beethoven sowie Rockmusik heftige Bewegungen verursachten, die als Unbehagen gedeutet wurden.“

Andererseits teilen die Entwicklungsneurologen mit, daß nach der Verschaltung von Gehirn und Sinnesorganen in der 32. bis 37. Gestationswoche, jedwede Stimulation der Sinnesorgane „ausschließlich der Feinabstimmung der Synapsen und nicht dem Erlernen spezifischer Inhalte und Grunderfahrungen dient“ (Prechtl 1983).

Man muß sich das einmal bildlich vorstellen, da wachsen zelluläre Strukturen sozusagen aufeinander zu und zu dem Zeitpunkt, zu dem sie sich berühren, erfolgt eine Feinabstimmung auf einem bestimmten Niveau, das möglicherweise das ganze Leben über bestehen bleibt. Sie kennen alle die Feinabstimmung eines Fernsehers und wissen daher, daß man mit dieser Feinabstimmung die Bildqualität erheblich beeinflußen kann.

In meiner Praxis lernte ich einen zehnjährigen Jungen kennen, der zum Zeitpunkt dieser Feinabstimmung mit seiner Mutter sehr häufig Rockkonzerte besuchte, v. a. von Udo Lindenberg. Nach der Geburt des Kindes kam es, wie heutzutage häufig zu Neugeborenenkoliken. Die Eltern versuchten alles, das Kind zu beruhigen. Das einzige, was effektiv half, war das Einlegen von Musikkassetten eben dieses Rocksängers in die Stereoanlage, die dann ohne weiteres bis weit oberhalb der Zimmerlautstärke aufgedreht werden konnte, wobei das Kind prompt einschlief.

Was passiert während der Geburt?

Auch die Geburt selbst stellt für die Entwicklungspsychologie ein weites Forschungsfeld dar:

Während Freud und Rank (1924) sowie Bernfeld (1925) vom Trauma der Geburt sprechen, (das Herausgestoßen-Werden, die Enge, die Atemnot und die Trennung, ja die Entstehung der Urangst, später dann die Erinnerung an diese Angst als neurotischer Grundkonflikt, das Zurückkehren-Wollen in den „paradiesischen“ Zustand) berichtet MacFarlane später:

> „Für mich, der ich Babys nach der Geburt sehr genau und aus der Nähe beobachtet habe, ist überraschend, wie untraumatisiert sie wirken. Oft beruhigt sich das Baby nach dem ersten Schrei schnell und liegt dann still da, offenbar zufrieden damit beschäftigt, mit seiner neuen Umgebung zurande zu kommen“ (MacFarlane 1978).

Wie auch immer diese Frage letztendlich beantwortet wird, heute beschäftigt man sich mehr damit, wie man bestmöglich den neuen Erdenbürger begrüßen kann, d. h., welche Umstände, welche Umgebung und welche Verhaltensweisen bei der Geburt einen günstigen Einfluß auf die Entwicklung nehmen. Hier gibt es zwar viele gutgemeinte Bemühungen, die jedoch meist nicht wissenschaftlich untermauert sind.

Ein Beispiel aus der frühen Kindheit

Lassen Sie mich ein Beispiel herausgreifen, das bereits ganze Forschergenerationen beschäftigte: Das Lächeln des Babys. Rauh (1987) beschreibt allein sieben Erklärungsversuche:

- Lächeln als instinktive Reaktion, was v. a. von den biologisch orientierten Forschern als angeborener Auslösemechanismus (AAM) gesehen wurde.

- Vertreter der Psychoanalyse sehen das Lächeln als Ausdruck des Wohlbehagens nach Befriedigung primärer Bedürfnisse.
- Für strenge Verhaltensforscher ist Lächeln nicht mehr als eine freie Verhaltensweise des Kindes, die dann verstärkt oder ausgelöscht werden kann.
- Andere wiederum halten das Lächeln für die emotionale Abschlußphase eines kognitiven Problemlöseprozesses.
- Ähnlich hierzu sehen Scroufe und Waters (1976) Lächeln und Lachen als Ausdruck geistiger Spannungsaufbau- und abbauzyklen.
- Bower (1979), ein schottischer Psychologe, empfindet Lächeln als geistiges Vergnügen über erlebte wirksame Verursachung und somit reifungsabhängig und nicht sozial,
- die soziologisch orientierte Psychologie sieht das Lächeln als protosoziales Verhalten. Zwar sei das Lächeln des zweimonatigen Babys möglicherweise nicht sozial intendiert, aber es werde von seiner Umwelt sozial interpretiert und erfülle damit seine wichtigste Funktion: einen erwachsenen Betreuer an das Baby zu binden.

Sicherlich gibt es nicht *die Theorie*, die Aufstellung zeigt jedoch, daß eine genaue Beobachtung einer so harmlosen und eindeutig wirkenden Verhaltensweise, wie es das Lächeln ist, uns im Kontext der jeweiligen Situation Aufschluß geben kann über die Verwobenheit emotionaler, sozialer und kognitiver Verhaltensaspekte und über wichtige Entwicklungsänderungen und ihre möglichen Bedingungen in den ersten beiden Lebensjahren.

Ein Beispiel aus der späten Kindheit

Entwicklungspsychologen beschäftigen sich auch mit den Bedürfnissen junger Leser. Von einigen Kinderbuchautoren wurde eine vorgegebene Standardgeschichte variiert. Die Handlung war festgelegt. Ein Junge geht zu einem Zeitungsstand, nimmt eine Zeitung und geht davon, ohne zu bezahlen. Diese einfache Handlung wurde dann von den Schriftstellern variiert. Die Variationen waren:

- Stil der breitangelegten Umwelterzählung
- Mickymaus-Stil
- Stil der Karrikatur
- Stil der Reportage
- Kitschstil
- Stil des Reißers
- Stil der Kurzgeschichte (Niederle 1972)

50 Mädchen und 50 Jungen im Alter von 9;7 bis 12;4 Jahren wurden diese Geschichten zur Beurteilung vorgelegt. Weitaus am besten kam der Kitschstil an. An zweiter Stelle rangierte die Reportage. Eine Variante

ohne Happy End fiel bei den Kindern ganz durch. Schenk-Danzinger zog den Rückschluß, daß sowohl emotionale und moralische Bedürfnisse (im Kitsch) wie auch der sachlich noch begrenzte Realitätsanspruch (in der Reportage) befriedigt werden müssen.

Diese Liste der Beispiele aus dem Forschungsgebiet der Entwicklungspsychologie könnte endlos fortgesetzt werden, ohne daß es langweilig würde. Lassen Sie mich aber jetzt zunächst zu den historischen Entwicklungslinien kommen.

Historische Entwicklungslinien

Historisch gesehen ist die Entwicklungspsychologie ein sehr junges Fach. Es scheint eine schwierige und langwierige Prozedur gewesen zu sein, bis die Menschheit überhaupt auf die Idee gekommen ist, daß es auch beim Menschen so etwas gibt wie eine Entwicklung.

Montada (Oerter, Montada 1987) führt in einem Abriß der Geschichte der Entwicklungspsychologie an, daß „der Entwicklungsgedanke weder in der antiken, noch in der mittelalterlichen Philosophie differenziert ausgearbeitet worden ist.“ Speziell im Mittelalter wurden die Veränderungen des Menschen überhaupt nicht so deutlich wahrgenommen. Abgesehen von der Säuglingszeit, wurden kaum Unterschiede in den einzelnen Entwicklungsstufen erlebt. Ariès (1975) schrieb: „Das Kind wurde, kaum daß es sich physisch zurechtfinden konnte, übergangslos zu den Erwachsenen gezählt, es teilte ihre Arbeit, ihre Spiele, ohne die Etappe der Jugend zu durchlaufen.“

Natürlich wurden die jungen Menschen auch juristisch zu den Erwachsenen gerechnet. Bei entsprechenden Anschuldigungen drohte ihnen die Todesstrafe oder auch Folter. Diese Verneinung von Kindheit und Jugend spiegelte sich auch in der Kunst wieder. Ariès (1975) fiel auf, „daß die Künstler des Mittelalters in Körperproportionen und Kopfform oft keine Unterscheidung zwischen Kind und Erwachsenem machten. Häufig sind Kinder als kleine Erwachsene dargestellt: Der Kopf ist relativ zur Größe zu klein, das Gesicht im Verhältnis zum Hirnschädel zu groß.“

Erst im 17. Jahrhundert wurden erste Forderungen nach Schulunterricht von J.A. Comenius und auch nach empirischen Studien speziell über Kinder und Jugendliche von John Locke ausgesprochen.

Einen ersten Durchbruch der Idee, daß es überhaupt so etwas gebe wie Entwicklung, erreichte Jean-Jacques Rousseau in der Mitte des 18.

Jahrhunderts. Montada (1987) schreibt, daß Rousseau mit seinem Erziehungsroman „Emile“ außerordentlich einflußreich wurde für Pädagogen wie Johann Heinrich Pestalozzi, Friedrich Fröbel, den Begründer der Kindergartenidee, und Maria Montessori.

Rousseau geht davon aus, daß ein neugeborenes Kind frei sei von den Schlechtigkeiten der Welt, und daß man dafür Sorge zu tragen habe, daß keine kulturellen Einflüsse den natürlichen Entwicklungsgang des Kindes verändern. Die Anfänge der wissenschaftlichen Entwicklungspsychologie liegen dann in der Mitte des 19. Jahrhunderts. Vor allem auch in andere Wissenschaftszweige hielt der Entwicklungsgedanke Einzug. Karl Marx als Historiker und Sozialwissenschaftler (Geschichte als gesetzmäßige Entwicklung, die über den Klassenkampf zu einer Aufhebung der Klassen und der Entfremdung von Produktionsmitteln und Produkten führe) , Spencer als Philosoph und Charles Darwin in der Biologie suchten nach Gesetzmäßigkeiten in der Onto- und Phyllogenese.

Charles Darwin veröffentlichte Aufzeichnungen über die Entwicklung seines ersten Kindes, was in der Folgezeit zu einer wichtigen Methode der Entwicklungspsychologie wurde.

Mit dem Beginn des 20. Jahrhunderts entwickelt sich das Fach explosionsartig. An bedeutenden Universitäten etabliert sich die Entwicklungspsychologie als Wissenschaft. Stanley Hall in den USA, Binet in Paris, Stern in Hamburg, Karl und Charlotte Bühler in Wien sowie Jean Piaget in Genf gründen bedeutende Forschungsstätten.

Fast gleichzeitig arbeitet Sigmund Freud im außeruniversitären Bereich an seiner Theorie der Persönlichkeits- und Neurosenentwicklung. An dieser Stelle wird es sehr wichtig darauf zu achten, ausschließlich Entwicklungslinien aufzuzeigen, da sich die Entwicklungspsychologie so differenziert weiterentwickelt, daß man sich sehr leicht in Einzelheiten verlieren könnte. Aus diesem Grunde lassen Sie mich fünf wesentliche theoretische Erklärungsansätze der Entwicklungspsychologie vorstellen:

1. Die biogenetische Entwicklungstheorie
2. Die Entwicklungstheorie Freuds
3. Die behavioristischen Entwicklungstheorien
4. Die kognitive Entwicklungstheorie
5. Die ökopsychologische Erklärung von Entwicklung

Die biogenetische Entwicklungstheorie

Kernaussage dieser Entwicklungstheorie ist die Idee, daß Entwicklung quasi der automatische Ablauf eines genetisch bestimmten Programms ist. Veränderungen psychischer Phänomene und alle anderen Veränderungen im Verlauf der menschlichen Entwicklung, werden auf biologische Veränderungen zurückgeführt. Einer der Vertreter dieser Richtung war der Amerikaner Stanley Hall (1904), jedoch bis heute kann man mit der Frage nach der Wertigkeit der Erbbiologie heftige Auseinandersetzungen unter Fachleuten hervorrufen. Anne Anastasi schrieb dazu bereits 1958, „daß es viele Wege des Zusammenwirkens von Anlagen und Umwelten gibt und daß es sinnvoller sei, diese Wege zu erkunden als nach Einflußanteilen zu fragen." Dollase (1985) spricht von der „Koaktion" zwischen Anlage und Umwelt und heute sollte es eher Aufgabe der Entwicklungspsychologie sein, die Zusammenhänge dieses Zusammenwirkens zu erforschen, als sich um Polaritäten zu streiten wie z. B., ob dieses oder jenes Wesensmerkmal eines Menschen genetisch festgelegt oder interaktionell erworben ist.

Die Entwicklungstheorie Freuds

Nach wie vor leistete Freud den umfassendsten Beitrag dazu, Erklärungsmodelle für die menschliche Entwicklung zu finden. Die Darstellung seiner Theorie von Entwicklung würde den Rahmen dieses Vortrages sicherlich sprengen. Lassen Sie mich dennoch sechs Punkte nennen, die Oerter (1988) für den „überdauernden Erkenntnissgewinn der Psychoanalyse für die Entwicklungspsychologie" hält.

- Der Einfluß der Sexualität in früher Kindheit.
- Die Bedeutung der Eltern oder entsprechender Bezugspersonen für die Entwicklung des Kindes.
- Der Stellenwert der frühen Kindheit.
- Die Persönlichkeitsentwicklung als Stärkung des Ich.
- Das Verhältnis von normal zu pathologisch, von seelisch gesund zu seelisch krank.
- Das Grundverständnis von Sozialisation überhaupt.

Die behavioristischen Entwicklungstheorien

Die Behavioristen begreifen Entwicklung als einen riesigen Prozeß des Lernens, der durch Koppelung von bestimmten Reizen und darauf folgenden Reaktionen in Gang gehalten wird. Die radikalste, inszwischen aber verworfene These dieser Gruppe war, daß „jeder Mensch jede beliebige Persönlichkeit werden kann“, würden nur die entsprechenden Reize zugeführt.

Eysenck (1960) versuchte die Unterschiede zwischen Menschen auf deren erbbedingte unterschiedliche Konditionierbarkeit zurückzuführen. Gefühle versuchte man ebenfalls mittels der klassischen Konditionierung zu erklären. Andere erfassen die Entwicklung von Verhalten als Ergebniss der Verstärkung im Sinne des operanten Konditionierens (Gewirtz 1969).

Die Entwicklungspsychologie verdankt den Verhaltenstheoretikern zahlreiche empirische Untersuchungen im Kindesalter, das soziale Lernen rückte weiter in den Vordergrund und vor allem wurde viel über das Nachahmungsverhalten von Kindern erforscht.

Trotz der starken Kritik was Therapie und Interventionen anbelangt, ist das behavioristische Modell heute anerkannt, zumal es „rasche und sichtbare Erfolge bei augenfälligen Störungen aufweisen kann“ (Oerter 1988).

Die kognitive Entwicklungstheorie

Der bedeutendste Vertreter dieser Richtung ist Jean Piaget. Die kognitiven Entwicklungstheorien untersuchen, welche Schaltstationen zwischen einer von außen kommenden Wahrnehmung und einer nachfolgenden Reaktion liegen. Anders als in den behavioristischen Ansätzen, die einen direkten Zusammenhang zwischen Reiz und Reaktion postulieren, werden nun zwischengeschaltete Prozesse der Interpretation und Konstruktion erforscht.

Praktisch gesehen bedeutet das: In meiner Umwelt nehme ich einen bestimmten Reiz wahr, dieser Reiz löst bei mir einen Denkprozeß aus, indem sowohl die aus meiner Vergangenheit bereits bekannten und auch die aktuellen Informationen zu neuen Interpretationen oder Wirklichkeitskonstruktionen verarbeitet werden.

Dieser Prozeß, der auch die Verarbeitung von Gefühlen einschließt, führt dann zu entsprechenden Handlungen. Da es sich hierbei um einen ständig fortlaufenden Prozeß handelt, sieht Piaget (1936, 1946, 1976) den Menschen in einem „permanenten Angleichungsprozeß der wechselweisen Assimilation und Akkommodation an ein allgemeines biologisches Gleichgewichtsprinzip“, das er Äquilibration nennt. Nach Piaget verläuft nun die kognitive Entwicklung in klar festgelegten Stufen bis ein Kind von ca. 6–7 Jahren konkret-logisch handelt und Begrifflichkeiten wie Gegenstand, Raum, Zahl und Zeit zur Verfügung hat bzw. im Alter von 12–13 Jahren formal-logisch handeln kann, ohne konkrete Inhalte zu benötigen.

Entscheidend hierbei ist, daß der Aufbau der Erkenntnis somit eine aktive Leistung des Menschen ist.

Für uns als Psychotherapeuten wird an dieser Stelle der Ansatz sehr interessant. Wie können denn „falsche" Wirklichkeitskonstruktionen entstehen? An welchen Stellen wurde z. B. bei sich psychotisch verhaltenden Personen der Angleichungsprozeß der wechselweisen Assimilation und Akkommodation unterbrochen oder fehlgeleitet? Welche Rolle spielt hierbei die unmittelbare Umwelt z. B. die Familie des Betroffenen? Ist die Äquilibration mehr an familiäre oder mehr an kulturelle Faktoren gebunden?

Die ökopsychologische Erklärung von Entwicklung

Der bereits anfangs zitierte Urie Bronfenbrenner (1981) sieht „ein sich veränderndes Individuum in einer sich wandelnden Umwelt." Ihn interessieren die Systeme, in denen Menschen handeln und selbst auch Teile dieser oder anderer Systeme sind. Bronfenbrenner unterscheidet in seinem Schalenmodell Mikro-, Meso-, Exo- und Makrosysteme, die einerseits immer umfaßender werden, sich jedoch auch in ständiger Wechselwirkung befinden. Während das Mikrosystem bei Bronfenbrenner (1981) das engste Bezugnetz – z. B. die Familie – darstellt, beschreibt der Begriff Mesosysteme ein System von Mikrosystemen an denen eine Einzelperson noch zusätzlich direkt beteiligt ist, z. B. eine Schulklasse.

Exosysteme sind Systeme, an denen ein Mensch nicht direkt beteiligt ist, die aber Auswirkungen auf ihn haben können – z. B. die Lehrerkonferenz für einen Schüler. Die Entwicklung eines Menschen wird oft tiefgreifend von Ereignissen in Lebensbereichen beeinflußt, an denen er gar nicht beteiligt ist. Zu den stärksten Einflußgrößen auf die Entwicklung des Menschen zählt Bronfenbrenner die Berufsbedingungen der Eltern.

Heute ist man sich einig darüber, daß bei der diagnostischen Festlegung des Entwicklungsstandes, der ätiologischen Zuordnung von Störungen und entsprechenden therapeutischen Interventionen die Kontextanalyse im entsprechenden Ökosystem unerläßlich ist.

Aktuelle Trends

Neben den wesentlichen Entwicklungslinien der Entwicklungspsychologie stellt sich die Frage, wie es weiter geht, welche aktuellen Trends sich abzeichnen? Hierzu möchte ich einige, nicht auf Vollständigkeit hin überprüfte Trends aufzeigen.

Entwicklungspsychologie der Lebensspanne

Fast alle älteren Publikationen enden spätestens mit der Adoleszenz. Generell kann aber vorausgesetzt werden, daß sich Entwicklung über die gesamte Zeitspanne des Lebens abspielt. In der bisher dargestellten Entwicklungspsychologie wird der Begriff der Entwicklung für den Typ der universellen, invarianten, irreversiblen, unidirektionalen und altersgebundenen Veränderung benutzt, was von Baltes et al. (1980) kritisieren und dann hervorheben, daß auch innerhalb der Kinder- und Jugendpsychologie der Begriff der Entwicklung zu wenig perspektivisch genutzt werde. Fragen nach Entwicklungsbedingungen und Prognosen treten in den Vordergrund. Beispielhaft seien hier einige Fragen aus gerontopsychologischer Sicht aufgeführt, die Sigrun-Heide Filipp (1987) mit dem Titel überschreibt, „Warum müssen alte Hasen neue Tricks lernen?“

- Welche Entwicklung zeigt der kognitive Bereich im Alter, wie kann die Gedächnistätigkeit verbessert werden?
- Wie können Bewältigungskompetenzen für das Alter aufgebaut werden?
- Welche Maßnahmen braucht es zur Gestaltung der sozialen und physikalischen Umwelt alter Menschen?
- Welche Entwicklungen sind bei älteren Menschen im familiären Kontext, welche im institutionellen Kontext notwendig und sinnvoll?
- Welchen Einfluß auf die Entwicklung haben Partnerverlust, der Übergang in den Ruhestand und der Wohnortwechsel bei alten Menschen?

Auch wenn das Thema des diesjährigen Freudenstädter Psychotherapieseminars die „frühe Kindheit“ ist scheinen mir die o. g. Fragen im Sinne einer ganzheitlichen Sicht für die Entwicklungspsychologie sehr wesentlich.

Entwicklungspsychologie der Familie

Ein weiterer neuer Schwerpunkt ergibt sich aus der sich ständig erweiternden Einbeziehung familiärer Strukturen in die Betrachtungsweise von Entwicklung.

- Welche intra- und interkulturellen Unterschiede gibt es? Wie wirken sich solche Unterschiede auf die Beurteilung von Entwicklung aus, welche Unterschiede gibt es in der Wahrnehmung und in der Toleranz von „gestörten" Entwicklungen?
- Welche Auswirkungen haben familiäre Streßfaktoren bzw. kritische Lebensereignisse sowohl auf die Entwicklung der Familie als auch auf Einzelne innerhalb der Familie?
- Wie wirken sich zusammengesetzte Familien auf die Entwicklung aus?

Viele dieser Fragen sind zwar nicht neu, in dem Sinn, daß sie noch nie jemand gestellt hat, sondern „neu soll nur heißen, daß einer Idee nun häufiger Aufmerksamkeit geschenkt wird als früher" (Montada 1987).

Schlußbemerkung

Zum Schluß möchte ich noch einmal deutlich hervorheben, daß mit der Entwicklungspsychologie ein Fachgebiet vorhanden ist, in dem eine ungeheure Menge von Einzelergenissen oft sehr leidenschaftlich zusammengetragen wird. Und dennoch ist, wie Leo Montada (1987) schreibt, „die Geschichte der Entwicklungspsychologie auch als ein Ringen um die angemessenen anthropologischen Kernannahmen zu beschreiben", die da sind:

- Was ist das Wesen des Menschen?
- Was ist das Wesen von Entwicklung?

In diesem Sinne hoffe ich, daß ich ein wenig Lust und Leidenschaft wecken konnte, sich dem Wunderbaren, dem manchmal Unfaßbaren dieses Faches zuzuwenden.

Literatur

Anastasi, A. (1958) Heredity, environment, and the question „how"? Psychological Review 65, 197–208

Ariès, P. (1975) Geschichte der Kindheit. Carl Hanser, München

Baltes, P.B., Reese, H.W., Lipsitt, L.P. (1980) Lifespan developmental psychology. Annual Review of Psychology 31, 65–110

Bernfeld, S. (1925) Psychologie des Säuglings. Springer, Wien

Bronfenbrenner, U. (1981) Die Ökologie der menschlichen Entwicklung. Klett, Stuttgart

Dollase, R. (1985) Entwicklung und Erziehung. Klett: Stuttgart

Eysenck, H.J. (1960) Symposium: The development of moral values in children, II; The contribution of learning theory. Brit. J. Educ. Psychol. 30, 11

Filipp, S.-H. (1987) Intervention in der Gerontopsychologie. In: Oerter/Montada, Entwicklungspsychologie. 2. Aufl. Psychologie Verlags Union, München, Weinheim

Gewirtz, J.L. (1969) Mechanism of social learning: Some roles of stimulation and behavior in early human development. In: Goslin, D.A. (ed.) Handbook of socialization theory and research, p. 57–212, Rand McNally, Chicago

Hall, G.S. (1904) Adolescence: Its psychology and its relation to physiology, anthropology, sociology, sex, crime, religion and education. Appleton, New York

Liley, A. (1972) The fetus as a Personality. The Australian and New Zealand Journal of Psychiatry, Heft 6, 99–105

MacFarlane, A. (1978) Die Geburt. Klett-Cotta, Stuttgart

Montada, L. (1987) Themen, Traditionen, Trends. In: Oerter/Montada, Entwicklungspsychologie. 2. Aufl. Psychologie Verlags Union, München, Weinheim

Nerin, W. (1984) Familienrekonstruktion in Aktion. Junfermann, Paderborn

Niederle, C. (1972) Die Kinderzeitschrift im Urteil ihrer Leser. Wien-München

Oerter, R. (1988) Entwicklungspsychologie. In: Remschmidt/Schmidt (Hg.) Kinder- und Jugendpsychiatrie in Klinik und Praxis. Georg Thieme Verlag, Stuttgart-New York

Oerter, R. und Montada, L. (1987) Entwicklungspsychologie. 2. Aufl. Psychologie Verlags Union, München, Weinheim

Piaget, J. (1976) Die Äquilibration der kognitiven Strukturen. Klett, Stuttgart

Piaget, J. (1936) La naissance de l'intelligence chez l'enfant. Delachaux & Niestlé, Neuchâtel

Piaget, J. (1946) Les notions du mouvement et de vitesse chez l'enfant. Presses Universitaires de France, Paris

Prechtl, H.F.R. (1983) Kontinuität der neuralen Funktionen vom prä- zum postnatalen Leben. Frühförderung interdisziplinär 2, 112–115

Rank, O. (1924) Das Trauma der Geburt und seine Bedeutung für die Psychanalyse. Internationaler Psychoanalytischer Verlag, Leipzig

Rauh, H. (1987) Frühe Kindheit. In: Oerter/Montada, Entwicklungspsychologie. 2. Aufl. Psychologie Verlags Union, München, Weinheim

Schenk-Danzinger, L. (1993) Entwicklungspsychologie. 2. Aufl. Österreichischer Bundesverlag, Wien

Psychoanalyse und Kleinkindforschung. Einige Grundthemen der Debatte

Martin Dornes

Die psychoanalytische Entwicklungspsychologie wurde erstmals in Freuds „Drei Abhandlungen“ (1905) systematisiert. Die dort beschriebene Entdeckung der infantilen Sexualität und des Ödipuskomplexes war im wesentlichen das Resultat von Freuds Selbstanalyse. In seinen eigenen Assoziationen, Träumen und Symptomen – später auch in denen seiner Patienten – entdeckte er Spuren kindlicher Sexualwünsche, die ihn zur Formulierung der psychosexuellen Entwicklungslehre veranlaßten. Schon früh war Freud sich darüber im klaren, daß dieses rekonstruktive, vom Erwachsenenerleben auf die Kindheit schlußfolgernde Verfahren durch Direktbeobachtung von Kindern ergänzt werden sollte. Eine seiner pointiertesten Äußerungen dazu stammt aus dem Vorwort zur 4. Auflage der „Drei Abhandlungen“, wo es kurz und bündig heißt: „Verstünden es die Menschen, aus der direkten Beobachtung von Kindern zu lernen, so hätten diese drei Abhandlungen überhaupt ungeschrieben bleiben können“ (Freud 1920, S. 46).

Für die Erforschung der präsymbolischen Zeit (die ersten eineinhalb Lebensjahre) ist Direktbeobachtung unerläßlich. In der Spieltherapie der Kinderanalyse und den verbalen Assoziationen der Erwachsenenanalyse erscheint das Material in einer symbolisch organisierten Gestalt und die Vermutungen, die daraus bezüglich des präsymbolischen Erlebens abgeleitet werden können, sind unsicher (Spitz 1950; Hartmann 1950). Konsequenterweise haben sich Psychoanalytiker deshalb schon früh mit der Direktbeobachtung kleiner und kleinster Kinder befaßt. Trotz einer beeindruckenden Tradition auf diesem Gebiet (Überblick bei Berna-Simons 1982) ist der Säugling in der psychoanalytischen Theorie bis in die jüngste Zeit hinein nicht gut genug verstanden worden. Überwiegend wurde von ihm das Bild eines passiven, undifferenzierten und seinen Trieben ausgelieferten Wesens gezeichnet, das in einem langen und dramatischen Kampf

---

* Leicht überarbeitete Fassung eines Aufsatzes, der zuerst in *Psyche* 1993, Heft 12 erschienen ist.

die Schrecken dieser Zeit der Hilflosigkeit und Abhängigkeit bewältigen muß. Obwohl diese Sichtweise ihre Berechtigung hat, ist sie einseitig und gibt *einen* Teil der Säuglingserfahrung als ihr ganzes aus. Deshalb ist es angebracht, einen neuen Blick auf den Säugling zu werfen. Das Ergebnis dieses Perspektivenwechsels ist eine veränderte Sicht der ersten eineinhalb Lebensjahre mit beträchtlichen Konsequenzen für die psychoanalytische Theorie. Der Säugling erscheint nun als aktiv, differenziert und beziehungsfähig, als Wesen mit Fähigkeiten und Gefühlen, die weit über das hinausgehen, was die Psychoanalyse bis vor kurzem für möglich und wichtig gehalten hat. Als Kurzcharakterisierung für diese neue Sicht hat sich die Rede vom „kompetenten Säugling" (Stone et al. 1973) eingebürgert. In ihr kommt die Überzeugung zum Ausdruck, daß der Säugling nicht in einer „blühenden, summenden Verwirrung" (William James) lebt, sondern daß er, vermöge seiner noch zu schildernden Fähigkeiten, die Welt und sich selbst von Anfang an eher als geordnet denn als Chaos empfindet. Ab Anfang der 80er Jahre haben Psychoanalytiker mit einer systematischen Rezeption dieser Ergebnisse begonnen (Emde/Robinson 1979; Sander 1980; Dowling 1981; Lichtenberg 1981, 1982, 1983; Esman 1983).

Das rekonstruierte und das reale Kind

Diese Bemühungen um Integration oder zumindest wechselseitige Befruchtung beider Disziplinen sind unter Psychoanalytikern nicht überall auf Zustimmung gestoßen. Es ist geltend gemacht worden, daß die psychoanalytische Entwicklungspsychologie nicht darstellt, wie die Kindheitsentwicklung tatsächlich verläuft, sondern nur die Berichte und Erzählungen von Patienten über ihre Kindheit wiedergibt. Nicht wie es damals wirklich gewesen ist, sondern wie das damals Gewesene dem Patienten heute erscheint – mit allen Erinnerungstäuschungen, Verzerrungen und Lücken – ist der eigentliche Gegenstand der psychoanalytischen Entwicklungspsychologie, die also eine „transformierte Entwicklungspsychologie" ist (Herzog 1986, S. 381). Als solche ist sie eine Sammlung subjektiv wahrer Geschichten, und eine Überprüfung oder Objektivierung ihres Wahrheitsgehalts ist entbehrlich. Psychoanalytische Entwicklungspsychologie ist, so könnte man pointiert sagen, keine Theorie, die entwicklungspsychologisch richtige Aussagen anstrebt, sondern eine Mythologie oder, wie ein Vertreter dieser Richtung es ausdrückt, eine „Theorie der Kindheit als konstruierter Mythen" (Tress 1985, S. 407). Das reale und das rekonstruierte Kind fallen damit vollständig auseinander. Einzig mit dem rekonstruierten Kind soll es die Psychoanalyse zu tun haben. Sie kann dann keinesfalls „aufgrund ihrer Erfahrungen aus Behandlungen Erwachsener den rechtmäßigen Anspruch erheben, sie habe überprüfbare Befunde zur kindlichen Entwicklung vorzuweisen" (Tress 1987, S. 144). Das will sie auch gar nicht, und das ist auch kein Nachteil, sondern ein Vorteil, denn dadurch werden die Berichte der Patienten über ihre Kinheitserlebnisse in ihrer psychischen Realität erst richtig ernstgenommen und nicht mit einer möglicherweise davon abweichenden tatsächlichen Realität äußerlich verglichen oder konfrontiert. Eine solche Konfrontation ist entbehrlich, weil die Wahrheit einer Rekonstruktion nicht in ihrer Übereinstimmung mit vergangenen, vielleicht gar nicht mehr erinnerbaren oder sonstwie zugänglichen Tatsachen besteht, sondern darin, daß sie zu klinischer Besserung führt. Deutung und Rekonstruktion[1] sind wahr, wenn sie therapeutisch effektiv sind und mehr sollte von ihnen nicht verlangt werden. Gelegentlich wird hinzugefügt, daß auch noch andere Kriterien relevant sind, z. B. Konsistenz, Kohärenz und Ästhetik einer Deutung und zur Abwehr des Suggestionsvorwurfs wird auf die intersubjektive (konsensuelle) Validierungsmöglichkeit von Deutungen verwiesen (Loch 1976; Spence 1982; Schafer 1983, Kap. 11–15). Aber zentral bleibt die Auffassung, daß es keine relevante Hinsicht geben kann, in der eine Deutung falsch ist, wenn sie, vom Patienten angeeignet, diesem ein kreatives und symptomfreies Leben ermöglicht (Tress 1985, S. 392). Ja, man kann sogar sagen, daß die Deutung erst den Sinn und die Realität *schafft*, auf die sie sich dann bezieht (Loch/Jappe 1974). Deutung und Rekonstruktion/Konstruktion stellen eine Verbindung von gegenwärtigen Assoziationen und Symptomen mit Erlebnissen oder Ereignissen der Vergangenheit her, die subjektiv sinnvoll ist, ohne daß damit der Anspruch erhoben würde, einen kausal wirksamen Zusammenhang zwischen beiden gefunden zu haben! Retrospektiv sind alle möglichen Zusammenhänge sinnvoll, ohne daß der hergestellte Zusammenhang einen damals vorhandenen kausalen oder realen Zusammenhang der jetzt miteinander verknüpften Elemente abbilden muß. Ein imaginärer Direktbeobachter der Vergangenheit würde eventuell zu ganz anderen Ergebnissen hinsichtlich der krankheitsrelevanten Ursachen gelangen als der Rekonstrukteur. „Indem wir unsere Übertragungsdeutungen formulieren, konstruieren wir die genetische Geschichte, aber wir rekonstruieren nicht die Entwicklungsgeschichte im engeren Sinn"

---

[1] Diese Begriffe sind zwar nicht deckungsgleich (s. Freud 1937, S. 398), aber eine genauere Differenzierung ist hier entbehrlich.

(Loch 1976, S. 886). Deshalb ist es für diese Konzeption „von nachgeordneter Bedeutung" ob der „entwicklungspsychologische Entwurf der Psychoanalyse von der empirischen Entwicklungspsychologie bestätigt wird oder nicht ..." (Tress 1986, S. 126). Die Empfehlung, psychoanalytische Konzepte sollten „nicht gegen unser sonstiges Wissen vom Menschen und der Welt verstoßen" und die Psychoanalyse sei deshalb „gehalten, sich mit den übrigen Disziplinen abzustimmen" (Tress 1987, S. 145) ist begrüßenswert, aber aus der Logik dieser Argumentation m. E. nicht mehr recht begründbar.

Plädoyer für die Berücksichtigung des realen Kindes

Die geschilderte Auffassung, von der es viele Nuancen gibt, hat durchaus ihre Stärken aber auch Schwächen. Eine ihre entscheidenden Schwächen ist die, daß die psychoanalytische Entwicklungspsychologie damit vollständig „klinifiziert" wird. Ihre Aussagen werden nur noch an ihrer klinischen Nützlichkeit gemessen, nicht aber an ihrer inhaltlichen Richtigkeit, wobei unterstellt aber nicht bewiesen wird, daß Nützlichkeit und entwicklungspsychologische Richtigkeit vollständig auseinanderfallen können. Dies bedeutet, daß die psychoanalytische Entwicklungspsychologie auf die Geltendmachung eines entwicklungspsychologischen Wahrheitsanspruchs verzichtet, daß sie also keine entwicklungspsychologisch richtigen Aussagen mehr machen will, sondern nur noch klinisch nützliche. Die Konsequenz ist, daß die Psychoanalyse konkurrierende entwicklungspsychologische Theorien gar nicht mehr zur Kenntnis nehmen muß und daß auch über die diversen, miteinander konkurrierenden psychoanalytischen Entwicklungspsychologien nicht mehr entschieden werden kann. Sofern sie alle therapeutisch effektiv sind, sind sie alle wahr.

Ich kann mich dieser partiellen Selbstkastration der psychoanalytischen Entwicklungspsychologie nicht anschließen. Sie hätte beträchtliche – wie ich glaube fatale – wissenschaftspolitische Konsequenzen, weil sie die Psychoanalyse von den Nachbardisziplinen weiter isolieren würde, statt den dringend notwendigen Dialog mit ihnen zu fördern. Fast habe ich den Verdacht, solche Auffassungen gedeihen hauptsächlich in den Köpfen von männlichen Erwachsenenanalytikern, die aus vielfältigen Gründen den Kontakt mit dem realen Kind scheuen und sich statt dessen lieber mit dem rekonstruierten Kind beschäftigen (A. Freud 1970, S. 2560; Wallerstein 1976, S. 204f.). Würde man tatsächlich die Reichweite der psychoanalytischen Entwicklungspsychologie auf rekonstruktiv gewonnene Aussagen einschränken, so wüßte man beschämend wenig über die frühe Kindheit, weil auf der Couch über den Prozeß der verbalen Assoziation die präverbale Zeit nur sehr eingeschränkt zugänglich ist. Aus der Analyse erwachsener Patienten könnte man nicht einmal so einfache, aber auch für die Psychoanalyse wichtige Fragen beantworten wie die, ob und was der Säugling sieht, hört, schmeckt, fühlt und empfindet, sondern nur schildern, was Patienten *glauben*, was sie als Säuglinge gesehen, gefühlt und erlebt haben. Auch das ist sicher wichtig, aber als alleinige oder Hauptinformationsquelle unzureichend. Auch Freud (1909, S. 293) war der Auffassung, es sei nicht der ideale Zustand, wenn die psychoanalytische Kinderforschung sich von den bei Erwachsenen gewonnenen Erfahrungen beherrschen lasse. Das nur rekonstruierte Kind wäre ein „mythisches Kind, das wir in jeder Sitzung unbekümmert um die lebensgeschichtliche Spur, die es geprägt hat, erschaffen – also eine Illusion eines Kindes, das, je nachdem, wie der Wind des Zufalls in der Kur weht, durch eine andere Illusion ersetzt werden kann“ (Cramer 1984, S. 175).

Im Grunde wird ein Plädoyer für eine rein rekonstruktiv verfahrende psychoanalytische Entwicklungspsychologie auch deren Realität nicht gerecht. Keine ihrer großen Vertreter (Spitz, Mahler, Bowlby, Anna Freud, Winnicott, Klein) verfährt rein rekonstruktiv, sondern alle benutzen, wenn auch in unterschiedlichem Maße, direkte Beobachtung an kleinen Kindern; und alle – auch die Kleinianer (z. B. Segal 1982, S. 206) – erheben mit ihren Formulierungen implizit oder explizit den Anspruch, zutreffende Aussagen über die tatsächliche kindliche Erlebniswelt und Entwicklung zu machen und nicht nur Berichte von Erwachsenen über ihre Kindheit – wenn auch in theoretisch abstrahierter Form – nachzuerzählen. Es mag sein, daß es sich bei diesen Nacherzählungen um kreative Mythen oder Fiktionen über die Ursprünge menschlichen Lebens und Leidens handelt; daß auch der Mythos Wahrheiten birgt, soll gar nicht bestritten werden. Aber niemals sollte ausschließlich auf solche Mythen eine Theorie der kindlichen Entwicklung aufgebaut werden (s. a. Rubinfine 1981, S. 394). Eine solche Theorie ist indessen unerläßlich für die Psychoanalyse als Wissenschaft, auch wenn sie *vielleicht* entbehrlich ist für die Psychoanalyse als Behandlungsmethode. Als Wissenschaft und psychologische Theorie jedoch sollte sie sich keinesfalls auf das beschränken, was durch Verwendung der psychoanalytischen Methode zugänglich ist (s. Hartmann 1950; Eagle 1984, Kap. 14). Kernberg widerspricht mit Recht der unter Psychoanalytikern weit verbreiteten „Neigung, Einwände gegen Beobachtungen geltend zu machen, die aus anderen als dem traditionellen psychoanalytischen Setting stammen" und bekräftigt, „daß Säuglingsbeobachtungen Daten liefern, die genauso akzeptabel sind wie jene, die von der Couch stammen" (zit. nach Lester 1982, S. 210f). Dem kann ich mich nur anschließen.

Der Verzicht auf Wissen über das reale Kind und die Beschränkung auf das rekonstruierte kann nicht von vornherein als klinisch unbedingt schädlich bezeichnet werden, ist es aber mit Sicherheit im Hinblick auf möglichen Theoriefortschritt. Es gibt mittlerweile fast so viele rekonstruierte Kinder wie es Theoretiker gibt. Freudianische, Kleinianische, Mahlerianische, Kohutianische, Kernbergianische, Bionianische und andere Babys bevölkern die Literatur und die Köpfe. Jeder Anhänger einer dieser Richtungen findet im Material seiner Patienten genügend Hinweise für die Plausibilität seiner entwicklungspsychologischen Vermutungen und fühlt sich durch den therapeutischen Erfolg oder die Sinnstiftungskapazität seiner Rekonstruktionen bestätigt. Da alle Richtungen therapeutische Erfolge verbuchen können, ist anhand klinischer Kriterien wie Besserung keine Bevorzugung oder Zurückweisung einer dieser Theorien zu begründen. Unentscheidbarer Theorienpluralismus ist die Folge. Rekonstruktiv sind alle möglichen Vermutungen über die Kindheit denkbar, aber nur eine umfassende Kenntnis der tatsächlichen Kindheitsentwicklung macht eine begründete Auswahl unter ihnen möglich. Ich schlage deshalb vor, entwicklungspsychologische Richtigkeit, nicht allein klinische Nützlichkeit zu einem Beurteilungskriterium in Theoriestreitigkeiten zu machen. Vor diesem Hintergrund sind manche Theorien und Rekonstruktionen plausibler als andere und sollten bevorzugt werden. Auf lange Sicht wird sich vermutlich herausstellen, daß solche Theorien und Rekonstruktionen auch therapeutisch effektiver sind. Zumindest muß diese Frage systematisch erforscht werden.

Die bisherigen Ausführungen sollten verdeutlichen, daß die Psychoanalyse schlecht beraten wäre, wollte sie auf die Ergebnisse der direktbeobachtenden Kleinkindforschung verzichten. Glücklicherweise sind die wenigsten psychoanalytischen Entwicklungspsychologen diesem Rat gefolgt und Spitz, Mahler und Bowlby sind die besten Beispiele für die Suche nach extraklinischer Überprüfung psychoanalytischer Theoreme, die von Klinikern allerdings nicht immer gerne gesehen oder begrüßt wurde. Spitz galt vielen als „Kauz", der sonderbare Experimente mit Kindern anstellte, Mahler (1988) beklagt sich in ihren Memoiren bitter über die Ignoranz vieler ihrer Kollegen und Bowlby ist bis auf den heutigen Tag in der psychoanalytischen Gemeinschaft ein Außenseiter geblieben.

Autismus und Symbiose

Spitz und Mahler haben mit experimentellen und naturalistischen Verfahren gearbeitet, die in verfeinerter Form auch in der modernen Kleinkindforschung zur Anwendung kommen, aber ihre Theorien wurden entwickelt bevor die Säuglingsforschung richtig begann. Sie beruhen deshalb auf einer veralteten empirischen Basis. Ein weiteres Problem ist, daß beide Autoren ihre Beobachtungen oft in die bestehenden psychoanalytischen Modellvorstellungen einpaßten und ihre Ergebnisse mehr zur Absicherung als zur Infragestellung metapsychologischer Konstrukte verwendeten. Die Metapsychologie stand damals noch höher im Kurs als heute.

Vor allem Mahlers Theorie über Autismus und Symbiose ist durch die moderne Kleinkindforschung in Frage gestellt worden. Mahler hat selbst eingeräumt, daß ihre diesbezüglichen Behauptungen – im Gegensatz zu denen, die sich auf spätere Entwicklungsphasen beziehen – nicht auf direkter Beobachtung von Säuglingen im ersten halben Jahr beruhen, sondern theoretische Konstrukte mit schmaler empirischer Basis sind. Ursprünglich dienten die Begriffe zur Kennzeichnung schwerer kindlicher Psychosen und wurden dann, wie so oft in der Psychoanalyse, auf die normale Entwicklung übertragen. In den ersten vier bis sechs Wochen sollen Kinder ein Stadium des normalen Autismus durchlaufen. Er ist gekennzeichnet durch eine völlige Unfähigkeit und Unwilligkeit, die Außenwelt wahrzunehmen. Im normalen symbiotischen Stadium, das zwischen vier/sechs Wochen und fünf Monaten liegt, sehen die Dinge nur wenig anders aus. Die Außenwelt, insbesondere die Mutter, wird jetzt zwar dunkel wahrgenommen, aber noch nicht als etwas vom eigenen Selbst abgegrenztes perzipiert. Eine Zwei-Einheit wird erlebt, in der noch keine klaren Grenzen existieren. Die erleichternden Pflegehandlungen der Mutter werden nicht als von einer anderen Person ausgehend empfunden, sondern ähnlich wie defäzieren und nießen (Mahler et al. 1975, S. 62).

Aber woher wissen wir das? Die Antwort war: Das wissen wir nicht genau, weil wir über die Wahrnehmungsfähigkeit und das Erleben des Säuglings nicht viel wissen, aber das vermuten wir als den vorherrschenden Zustand, weil wir kindliche Psychotiker und erwachsene Patienten kennen, die uns den Eindruck vermitteln, daß bei ihnen die Grenzen zwischen Selbst und Objekt nur unscharf ausgebildet sind. Vom erwachsenen pathologischen Erleben wurde also auf das kindliche normale geschlossen, und diese Sichtweise färbt natürlich, was man sieht. Wer an die Symbiosetheorie glaubt, sieht eben überwiegend symbiotische Säuglinge, vor allem, wenn er sie nicht systematisch untersucht, sondern nur gelegentlich beim glücklichen Einschlafen an der Mutterbrust beobachtet. Einem solchen Säugling lassen sich problemlos symbiotische Wahrnehmungs- und Erlebnisweisen unterstellen, aber letztlich handelt es sich dabei um adultomorphe und pathomorphe Verzerrungen, d. h. um aus dem Erwachsenenerleben oder schweren Krankheiten abgeleitete und auf den normalen Säugling projizierte Vorstellungen (s. a. Peterfreund 1978; Mi. Klein 1981).

Kritische Überlegungen zur Symbiosetheorie

Die direkte Beobachtung von Säuglingen ergibt wenig Anhaltspunkte für eine normale autistische und/oder symbiotische Phase. Die in den letzten dreißig Jahren durchgeführten Experimente zur Wahrnehmungsfähigkeit von Neugeborenen und Säuglingen demonstrieren eine erstaunliche Kompetenz in allen Sinnesbereichen. Es kann gar nicht die Rede davon sein, daß der Säugling die Außenwelt nicht oder nur unscharf wahrnimmt. Ich habe die diesbezüglichen Ergebnisse und Methoden andernorts beschrieben und eine ausführliche Kritik der Symbiosetheorie formuliert (Dornes 1993, Kap. 2 und 3).

Stern hat in seinem bahnbrechendem Werk (1983, 1985) andere Argumente gegen die Symbiosetheorie vorgetragen und eine Reihe von Fähigkeiten des Säuglings geschildert, die dazu beitragen, daß er sich spätestens ab 2/3 Monaten als vom anderen getrennt, nicht als mit ihm verschmolzen erlebt. Drei dieser Fähigkeiten möchte ich herausgreifen: 1. das Willensgefühl des Säuglings; 2. seine Wahrnehmung propriozeptiver Empfindungen und 3. seine differentielle Kontingenzwahrnehmung.

1. Zum *Willensgefühl*: Säuglinge führen schon im Alter von zwei bis drei Monaten nicht nur reflexhafte Bewegungen aus. Sie sind beispielsweise schon früh in der Lage, den Daumen oder Schnuller in den Mund zu stecken, versuchen Gegenstände zu greifen, strampeln mit den Beinen die Decke weg und schlagen mit den Armen gegen ihr Mobile. Liegt diesen nicht-reflexhaften Bewegungen ein Wille zugrunde, sie auszuführen? Stern bejaht das. Der Wille ist nicht bewußt, aber seine Existenz zeigt sich deutlich, wenn eine Bewegung/Handlung des Säuglings unterbrochen wird, bzw. nicht den gewünschten Erfolg hat. Schon kleinste Kinder wiederholen unermüdlich dieselbe Bewegung bis zum Erfolg und werden ärgerlich, wenn man sie daran hindert.

In den nicht-reflexhaften Handlungen des Säuglings dokumentiert sich also ein Wille, der von dem Gefühl begleitet ist, selbst der Urheber seiner Handlungen zu sein. Eigene Handlungen sind von einem Willensgefühl begleitet, das fehlt, wenn der andere dieselben Handlungen ausführt. Der Säugling ist also durchaus in der Lage zu merken, ob er oder der andere das Mobile in Bewegung gesetzt hat, oder ob es die Mutter war, die ihm den Schnuller in den Mund gesteckt hat oder er selbst; nur wenn er selbst tätig wird, gibt es ein begleitendes Willensgefühl.

2. Zum *propriozeptiven Feedback*: Selbsterzeugte Äußerungen haben Effekte. Vokalisiert der Säugling, so hört er einen Ton. Vokalisiert die Mutter, so hört er auch einen Ton. Kann er unterscheiden, ob das, was er hört, von ihm selbst erzeugt wird oder von anderen? Ja, und zwar aus folgendem Grund: Selbsterzeugte Handlungen ergeben (außer dem Willensgefühl) ein propriozeptives Feedback, das fremderzeugten Handlungen oft fehlt. Wenn die Mutter vokalisiert, so hört der Säugling einen Ton. Wenn er selbst vokalisiert, hört er ebenfalls einen Ton, aber er hat darüber hinaus charakteristische Empfindungen im Brustraum, im Kehlkopf und in den Stimmbändern, die nur auftauchen, wenn er den Ton selbst produziert. Anhand dieses Unterschieds ist er in der Lage zu bemerken, ob er selbst etwas gemacht hat, oder ob ein anderer aktiv war. Diese Unterscheidungsfähigkeit trägt ebenfalls dazu bei, Selbst und Objekt als getrennt und nicht als verschmolzen zu empfinden.

Es ist aber nicht immer so, daß selbsterzeugte Handlungen propriozeptive Empfindungen hervorrufen und objekterzeugte keine. Steckt die Mutter dem Säugling den Schnuller in den Mund, so entstehen dort Empfindungen. Aber, und das ist der Punkt, wenn der Säugling sich selbst den Schnuller in den Mund steckt, entstehen darüber hinaus Tastempfindungen in der Hand und Muskelempfindungen im Arm, die nur dann ausgelöst werden, wenn er den Schnuller selbst in den Mund steckt; diese Empfindungen fehlen, wenn die Mutter es tut. Wenn der Säugling seine Bettdecke wegstrampelt, passiert etwas ähnliches. Er spürt dann ein Nachlassen des Drucks und eine Bewegungsempfindung in den Beinen. Letztere fehlt, wenn die Mutter die Decke wegnimmt. Diese Unterschiede werden bemerkt und tragen dazu bei, daß der Säugling zwischen Selbst und Objekt unterscheiden kann.

3. Zur *differentiellen Kontingenzwahrnehmung*: Öffnet der Säugling die Augen, so sieht er immer ein Bild. Vokalisiert er, hört er immer einen Ton. Man nennt dieses Verhältnis von Handlung und Effekt Kontingenzbeziehung. Sie ist im vorliegenden Fall hundertprozentig – immer wenn,

dann. Selbstinitiierte Handlungen haben immer einen Effekt in Bezug auf das Selbst, aber nicht immer im Bezug auf den anderen. Wenn der Säugling vokalisiert, hört er immer einen Ton (perfekte Kontingenz), aber nur jedes zweite oder dritte Mal kommt die Mutter (imperfekte Kontingenz). Kinder im Alter von drei bis fünf Monaten sind in der Lage, die verschiedenen Formen von Kontingenz sicher zu unterscheiden (Watson 1979, 1985; Bahrick/Watson 1985 mit weiterer Literatur). Diese Unterscheidungsfähigkeit trägt dazu bei, die Welt des Selbst von der der Objekte zu diskriminieren. In der Welt des Selbst haben Handlungen immer einen Effekt auf das Selbst, aber nur manchmal einen auf das Objekt. Die Wahrnehmung dieser unterschiedlichen Formen von Kontingenz stärkt die Unterscheidungsfähigkeit von Selbst und Objekt, weil sie klar macht, daß das Objekt anderen Gesetzen gehorcht als das Subjekt und den eigenen Handlungen nicht vollständig unterworfen ist. Sie trägt auch zu den Anfängen eines realistischen, nicht-magischen Kausalitätsverständnisses bei, das neueren Forschungen zufolge viel früher auftaucht, als in Piagets Theorie behauptet wird (Leslie 1982, 1984a,b; Golinkoff et al. 1984; Sophian/Huber 1984; Leslie/Keeble 1987).[2]

Resümee

Alle genannten Fähigkeiten führen zu dem Gefühl, selbst zu handeln und zur Fähigkeit, dieses Selbsthandeln vom Handeln des Objekts unterschei-

---

[2] Ein in der Psychoanalyse gern diskutiertes Beispiel für magische Kausalität ist das des hungerigen und schreienden Säuglings. Dieser soll glauben, das Erscheinen der Flasche sei ein direktes Ergebnis seiner Anstrengungen. Er meint, durch sein Schreien habe er die Flasche herbeigerufen, weil er das Erscheinen der Flasche magisch als Resultat seines Geschreis (miß)versteht. Ähnlich könnte ein kleines Mädchen, das bei Sonnenaufgang die Arme hebt, glauben, es habe die Sonne aufgehen lassen. Lange glaubt es das nicht, und auch der Säugling glaubt ähnliches wahrscheinlich eher nicht (s. a. Butterworth 1983, S. 12ff.). Wenn er schreit, hört er immer und sofort einen Ton, aber nur manchmal und mit Verzögerung kommt eine Flasche. Dieser Unterschied wird von ihm bemerkt und trägt dazu bei, omnipotenten Kausalitätsvorstellungen ein beträchtliches Stück weit vorzubeugen. Diese sind vermutlich das Resultat von Wünschen, daß es so sein möge, und nicht Bestandteil der normalen Wahrnehmungsorganisation. Beide psychischen Organisationen – Wunsch und Wahrnehmung – können natürlich miteinander interferieren, aber erst, wenn es einen Wunsch gibt. Dies ist vor Beginn der Symbolfunktion nicht der Fall. Erkenntnistheoretisch gesprochen sind kleine Kinder eher naive Realisten als Wunschdenker oder Psychotiker.

den zu können. Das selbstinitiierte Handeln ist 1. von einem Willensgefühl begleitet, das fehlt, wenn das Objekt Handlungen vornimmt. 2. Es ist von propriorezeptiven Empfindungen begleitet, die fehlen, wenn ein anderer dieselben Handlungen vornimmt. 3. Es hat immer einen Effekt auf das Selbst, aber nicht immer einen auf das Objekt. Diese Unterschiede werden bemerkt. Das Gefühl, selbst Handelnder zu sein, ist die Summe der drei genannten Fähigkeiten und eine wichtige Komponente eines vom Objekt abgegrenzten Selbstempfindens.

Der Säugling ist aber nicht nur wahrnehmungsmäßig auf der Höhe der Ereignisse, sondern auch beziehungsmäßig. Diese Feststellung ist wichtig, weil gelegentlich argumentiert wird, daß zwar seine Wahrnehmungsfähigkeiten differenziert, seine Fähigkeiten zur Beziehungsgestaltung aber unterentwickelt seien. Mit dem Symbiosebegriff ist dann weniger eine undifferenzierte Wahrnehmung der Außenwelt gemeint als vielmehr eine undifferenzierte Beziehungsgestaltung, in der der Säugling passiv, die Mutter aktiv ist. Auch dafür ergeben die Interaktionsstudien der letzten zwanzig Jahre wenige Anhaltspunkte (Überblick bei Fogel 1977; Schaffer 1979; Gianino/Tronick 1988). Die mit allem technischen Raffinement durchgeführten Studien dokumentieren vielmehr das genaue Gegenteil: Säuglinge verfügen von Geburt an über ein reichhaltiges, bisher nicht ausreichend gewürdigtes Repertoire zur Gestaltung von Beziehungen, von dem sie regen Gebrauch machen und mit dessen Hilfe sie die Eltern, mehr als diesen manchmal lieb ist, beeinflussen. Es erscheint mir unwahrscheinlich, daß diese differenzierte Beziehungsgestaltung mit einem undifferenzierten, symbiotischen Beziehungserleben einhergeht – das Interaktions*verhalten* also differenziert, das Interaktions*erleben* aber undifferenziert ist (s. etwa Pine 1977, S. 82; 1979, S. 225f.; Fast 1985). Säuglinge verfügen nämlich bereits im ersten halben Jahr über ein komplexeres Affektleben als die bekannten Behauptungen, sie würden nur Lust und Unlust oder gut und böse empfinden, nahelegen (s. dazu weiter unten).[3]

Klinische Überlegungen zur Symbiose

Wenn also vieles anders ist als bisher angenommen, wie lassen sich dann klinisch zweifellos vorhandene symbiotische Phantasien erklären? Bisher

[3] Um Idealisierungen des Säuglings vorzubeugen möchte ich noch betonen, daß viele seiner Kompetenzen eine Funktion des Mutter-Kind-Systems sind. Sie entfalten sich am eindrucksvollsten in einer halt- und strukturgebenden Beziehung.

wurde der Symbiosebegriff ja vor allem unter entwicklungspsychologischen Gesichtspunkten diskutiert. Wie steht es aber mit seinem klinischen Nutzen?

Aus Analysen von Erwachsenen wird immer wieder berichtet, daß es Verschmelzungsphantasien gibt, vornehmlich bei schwerer gestörten Patienten (Angel 1967; Giovacchini 1972; Rose 1972; Harrison 1986). Diese treten oft auf, wenn getrenntes Funktionieren Angst hervorruft, und sie sind in der Regel nicht lustvoll sondern ängstigend. Auf solche Phantasien kann deshalb nicht einfach zur Beruhigung zurückgegriffen werden. Einerseits mildern sie zwar die Angst, die mit eigenständigem Funktionieren verbunden ist, andererseits rufen sie neue Ängste, etwa vor Selbstverlust, auf den Plan. Warum? Ganz vereinfacht gesagt deshalb, weil die Abhängigkeit in frühester Zeit traumatisch und nicht befriedigend erlebt wurde. Eine wesentliche Ursache dafür – und damit für spätere, ambivalente Symbiosephantasien – ist die Tendenz der Mutter oder der Eltern, Regungen der Selbständigkeit, die das Kind schon in den frühesten Beziehungen äußert, einzuschränken, als gefährlich zu interpretieren, zu unterbrechen oder mit Angst zu erfüllen. Dafür mögen Eltern ihre eigenen Gründe haben, das Resultat ist, daß schon der Säugling lernt, daß selbständiges Handeln gefährlich ist, entweder für sich oder für seine Eltern oder für beide. Es wird, weil mit Angst verknüpft, zugunsten einer „Flucht in die Symbiose“ aufgegeben. Sie ist unlustvoll, denn es muß der Preis ständiger Einschränkungen der eigenen Entfaltung bezahlt werden, aber dieser Preis ist das kleinere Übel.

Eine Folgerung aus diesen Überlegungen ist, daß symbiotische Phantasien von erwachsenen Patienten oder älteren Kindern, wenn man sich überhaupt auf frühere Entwicklungsphasen zurückbeziehen will[4], nicht aus einer normalen symbiotischen Phase, sondern aus einer frühen pathologischen Beziehung erwachsen. In ihr wurden von Anfang an vorhandene Bestrebungen nach Autonomie und Individuation aus Gründen, die im Unbewußten der Eltern liegen, behindert. Spätere symbiotische Bedürfnisse und Phantasien sind in dieser Sichtweise modifizierte Überarbeitungen einer gestörten, die Selbstregulierungsfähigkeit des Kindes übermäßig einschränkenden Eltern-Kind-Beziehung und nicht Abkömmlinge einer normalen symbiotischen Phase. Mit Hilfe dieser Überlegungen kann der klinische Nutzen des Symbiosekonzepts beibehalten werden, ohne auf die

---

[4] Natürlich sind die späteren Phantasien nie eine bloße Neuauflage von früheren, sondern sie sind durch Abwehr, Regression, Übertragung, Gegenübertragung und reifere kognitive Strukturen modifiziert.

entwicklungspsychologisch fragwürdige Vorstellung einer normalen symbiotischen Phase zurückzugreifen. Die „Symbiose" ist der Zufluchtsort des *überforderten* Säuglings (s. a. Gedo 1980, S. 381; Steffens 1987, S. 182).[5]

Nun könnte man fragen, woher dann die „symbiotischen" Phantasien von einigermaßen normalen Erwachsenen stammen. Die unbestreitbare Attraktivität der Symbiosetheorie rührt ja unter anderem daher, daß jeder Mensch Momente intensivster und innigster Bezogenheit kennt, für die sich der Begriff „symbiotisch" eingebürgert hat. Ich halte das für einen irreführenden Sprachgebrauch. Traumwandlerisches Verständnis für und durch den anderen, unmittelbare und tiefe Einfühlung, höchste Übereinstimmung im Denken und Fühlen, gemeinsamer Orgasmus, meditative Versenkung, mysthische Entrücktheit – in all diesen Zuständen wird das Subjekt meines Erachtens nicht „eins" mit dem anderen oder dem Kosmos, sondern das Gefühl für seine Ich-Grenzen bleibt intakt (s. a. Ross 1975, S. 91). Solche Zustände sind außerdem oft nicht so regressiv oder passiv gefärbt, wie der Symbiosebegriff nahelegt, sondern von höchster Aktivität und Anspannung begleitet. Wenn ich einen Vorläufer für solche Momente in der frühen Kindheit suchen sollte, so wäre es nicht das Bild des satten, selig an der Brust in den Schlaf sinkenden Säuglings, sondern das des verzückten, überschäumenden Lächelspiels zwischen Mutter und Kind, das mit drei Monaten seinen Höhepunkt erreicht. In ihm sind beide aktiv und zugleich in größtmöglicher Übereinstimmung. „Alles fließt", die Affekte, die Vokalisierungen, die Gebärden und Gesten – aber nicht die Grenzen! *Dieses* Paradies ist kein Ort, wo Milch und Honig in den Säugling fließen, der nur noch den Mund zu öffnen braucht, sondern einer, an dem zwei Subjekte Milch und Honig *austauschen* und über diese Aktivität in Erregung (und später Entspannung) geraten. Es gibt also intensive Bezogenheit und Intimität bei Aufrechterhaltung der Grenzen zwischen Subjekt und Objekt. Jede wirkliche Grenzauflösung oder Verschmelzung bereitet vermutlich mehr Angst als Vergnügen – dem Erwachsenen und dem Kind. Was wir im Erwachsenenleben als enge, glückliche, „symbiotische" Beziehung beschreiben, sind eher Zustände intensivster Gemeinsamkeit, als wirklich symbiotische, d. h. grenzauflösende Phänomene.

---

[5] Baumgart (1991) und Pine (1990, 1992) haben interessante Versuch zur teilweisen Rehabilitierung des Symbiosekonzepts unternommen.

Kritik der Spaltung

Ebenso problematisch wie die Symbiosetheorie ist die aus ihr hervorgegangene Borderline-Theorie der frühen Entwicklung.[6] Ihr zufolge befindet sich der Säugling nach der Symbiose in einem Zustand, der dem des erwachsenen Borderline-Patienten ähnelt. Zwischen fünf und achtzehn Monaten lebt er angeblich in einer Welt multipler, fragmentierter, guter und böser Teilselbste und Teilobjekte, die er erst in der Folgezeit langsam zu ganzen Selbst- und Objektrepräsentanzen integriert. Auch dafür gibt es wenige Anhaltspunkte. Unter normale Umständen, in denen die Mutter die Affektspannungen des Säuglings rechtzeitig mildert und seine integrativen Wahrnehmungskapazitäten nicht überfordert sind, verfügt er sowohl über die Fähigkeit Selbst und Objekt zu unterscheiden als auch über die, einheitliche Selbst- und Objektempfindung hervorzubringen. Seine Welt ist differenziert, nicht symbiotisch und kohärent, nicht gespalten.

Vor allem Lichtenberg (1983, S. 113f., 171; 1987, S. 879) und Stern (1985, S. 346ff.) haben die Spaltungstheorie der frühen Entwicklung nachdrücklich kritisiert. Stern schildert die Fähigkeiten, die zur Kohärenz der Selbst- und Objektwahrnehmung des Säuglings beitragen. Hier eine Zusammenfassung, die zugleich eine Vertiefung der Symbiosekritik ist.

Das Verhalten des Säuglings ist, ebenso wie das des Objekts, in der Regel aus verschiedenen Handlungen zusammengesetzt. Der Säugling (und auch das Objekt) macht Kopfbewegungen, ändert den Gesichtsausdruck, vokalisiert, bewegt die Arme und Beine. Diese verschiedenen Äußerungen des Subjekts haben trotz ihrer Verschiedenheit gewisse Gemeinsamkeiten und zwar: 1. einen gemeinsamen Ort, 2. eine gemeinsame Zeitstruktur, 3. eine gemeinsame Intensitätskontur. Dasselbe gilt für die verschiedenen Äußerungen des Objekts; auch sie haben gemeinsame Strukturen (Ort, Zeit, Intensität), die allerdings von denen des Subjekts verschieden sind. Sterns These ist, daß der Säugling zum einen die gemeinsamen Aspekte verschiedener Äußerungen des Subjekts oder Objekts wahrnimmt. Auf diese Weise ist er in der Lage, verschiedene Reize und Handlungen als von *einem* Subjekt oder Objekt ausgehend wahrzunehmen. Dadurch wird das Gefühl eines kohärenten Selbst und eine kohärenten Objekts gefördert. Zum zweiten ist er in der Lage, die Unterschiede der Strukturen wahrzunehmen, je nachdem ob eine Handlung oder Reizfolge vom Subjekt oder

---

[6] Sie wurde erstmals von Jacobson (1954) und Mahler/Gosliner (1955) skizziert und von Kernberg (1972, 1975) ausgearbeitet.

vom Objekt ausgehen. Dadurch wird *die Unterscheidungsfähigkeit* von Selbst und Objekt gefördert. Hier einige Beispiele.

Gemeinsamer Ort: Neugeborene wenden den Kopf und die Augen nach einer Schallquelle (Überblick bei Mehler 1985). Darin drückt sich die angeborene Erwartung aus, daß dort, wo etwas zu hören ist, auch etwas gesehen werden kann. Ein einheitlicher Ort für verschiedene Reizklassen wird erwartet. Seh- und Hörreize, die von einem Objekt ausgehen, sind also für den Säugling nicht zwei disparate Ereignisse oder zwei Objekte, sondern gehen von einem kohärenten Objekt aus.

Gemeinsame Zeitstruktur: Jeder Mensch kann beide Arme unabhängig voneinander bewegen. Er kann sich mit der linken Hand den Bauch reiben und mit der rechten aufs Knie klopfen. Trotz der Verschiedenheit der Bewegungen und des unterschiedlichen Tempos, in dem sie ausgeführt werden, haben die beiden Bewegungen eine gemeinsame Zeitstruktur. Diese zeigt sich, wenn das Tempo nur einer Bewegung willkürlich verändert werden soll, was ohne Übung schwierig ist und meistens wieder in einem bestimmten Rhythmus beider Bewegungen endet. Die gemeinsame zeitliche Struktur gibt den verschiedenen Bewegungen eine Zusammengehörigkeit, die beim Objekt gesehen und beim Selbst gefühlt wird.

Solche gemeinsamen Zeitstrukturen gibt es nicht nur bei verschiedenen Bewegungen, sondern auch bei Hör- und Sehreizen. Zeigt man drei bis vier Monate alten Säuglingen einen Film, in dem Ton und Bild synchron sind, so bevorzugen sie diesen Film gegenüber einem nicht-synchronen (Spelke 1979). Beim nicht-synchronen Film passen die Zeitstrukturen von Ton und Bild nicht zusammen. Der Säugling bemerkt das mit drei bis vier Monaten. Ebenso verhält es sich, wenn bei einem sprechenden Gesicht die Sprache nicht synchron mit den Lippenbewegungen erfolgt (Dodd 1974). Diese Beispiele lehren zweierlei: 1. Viele Reize, die von einem Subjekt ausgehen, haben eine gemeinsame Zeitstruktur. 2. Viele Reize, die von einem Objekt ausgehen, z. B. der Mutter, haben ebenfalls eine gemeinsame Zeitstruktur, die aber von der des Säuglings verschieden ist. Die Wahrnehmung der Gemeinsamkeit in der Zeitstruktur ermöglicht es, die unterschiedlichen Reize als zu *einem* Objekt oder Subjekt gehörig zu begreifen. Die Wahrnehmung, daß Zeitstrukturen für Objekt und Subjekt verschieden sind und jeder sozusagen sein eigenes Tempo hat, ermöglicht eine *Unterscheidung* von Subjekt und Objekt. In zweifacher Weise ist also einer Konfusion zwischen Subjekt und Objekt in der Wahrnehmungswelt des Säuglings vorgebeugt. Die Wahrnehmung der Gemeinsamkeit fördert ein kohärentes Selbst- und Objektempfinden und wirkt der Gespaltenheit der

Erfahrung in multiple Selbst- und Objektbilder entgegen. Die Wahrnehmung der Unterschiede fördert die Getrenntheitsempfindungen von Subjekt und Objekt und wirkt antisymbiotisch.[7]

Gemeinsame Intensitätskontur: Verschiedene Reize haben nicht nur eine gemeinsame Zeitstruktur sondern auch eine gemeinsame Intensitätsstruktur. Ein Beispiel ist der Schrei des Karatekämpfers. Eine plötzliche kurze harte Vokalisierung ist begleitet von einer plötzlichen kurzen harten Bewegung. Die Intensitätskonturen von Bewegung und Vokalisierung sind synchron, und es ist nur schwer möglich, eine harte Bewegung mit einem weichen Laut zu begleiten. Auch andere im Alltagserleben häufig vorkommende Beispiele lassen sich finden. Produziert man einen lauten Ton, so hört man nicht nur etwas Lautes, sondern fühlt auch starke Vibrationen im Kopf und im Brustraum. Die auditorische Intensität ist von einer bestimmten propriozeptiven Intensität begleitet. Entsprechendes gilt für schwache Vokalisierungen.

Säuglinge sind schon im ersten halben Jahr in der Lage, die Intensitäten unterschiedlicher Sinnesmodalitäten zu vergleichen. Mit drei Wochen setzen sie Intensitäten von gesehenem Licht mit der Lautstärke von gehörten Tönen in Beziehung und bevorzugen die Kombination von Licht und Ton, die auch Erwachsene als am besten zusammenpassend empfinden (Lewkowicz/Turkewitz 1980). Mit fünf Monaten sehen Säuglinge, wenn sie ein leiser werdendes Motorengeräusch hören, lieber einen Film mit einem sich entfernenden Auto, wenn sie ein lauter werdendes Geräusch hören, bevorzugen sie den Film eines näher kommenden Fahrzeugs (Walker-Andrews/Lennon 1985). Visuelle und auditorische Intensitätskonturen werden verglichen und Synchronie bevorzugt. Ich ziehe daraus, in Anlehnung an Stern, folgenden Schluß: Viele von einem Objekt ausgehenden

[7] Vielleicht beschäftigt den Leser mittlerweile ein begriffliches Problem. In der Psychoanalyse ist üblicherweise davon die Rede, daß Selbst- und Objekt *repräsentanzen* verschmolzen, differenziert oder gespalten sind. Ich rede davon, daß Selbst und Objekt sowohl als einheitlich als auch voneinander getrennt *empfunden* werden. Das hat seinen Grund darin, daß es Repräsentanzen im Sinne intrapsychisch evozierbarer Bilder oder Symbole erst ab eineinhalb Jahren gibt. Darauf werde ich später eingehen. Davon abgesehen ist die Repräsentanzenlehre nur die metapsychologische Formulierung des vermuteten Sachverhalts, daß Selbst und Objekt als verschmolzen, differenziert oder gespalten *erlebt* werden. Beide Formulierungen meinen dasselbe. Der Zustand der Repräsentanzen soll den Zustand des Erlebens nur theoretisch erklären. Ich sehe deshalb keinen für die bisherige Diskussion relevanten Unterschied zwischen der Formulierung, daß die Selbst- und Objektrepräsentanzen verschmolzen oder getrennt sind und der, daß Selbst und Objekt als verschmolzen oder getrennt erlebt werden.

Reize haben eine gemeinsame Intensitätskontur. Diese gemeinsame Kontur wird wahrgenommen und ermöglicht es, verschiedene Reize aufgrund ihrer gemeinsamen Intensität als zusammengehörig, d. h. von *einem* Objekt oder Subjekt ausgehend, zu perzipieren (Anti-Spaltung). Und weiter: jedes Subjekt und jedes Objekt hat *seine* Kontur, und die Wahrnehmung dieses Unterschieds fördert die Fähigkeit, Selbst und Objekt als getrennt wahrzunehmen (Anti-Symbiose).

Kohärenz der Form: Glauben Säuglinge an die Identität eines Perzepts, auch wenn dieses sein Aussehen ändert? Wenn ein Gesicht sich zur Seite wendet oder die Stirn runzelt, ist es für den Säugling noch dasselbe Gesicht? Wenn das nicht der Fall wäre, so gäbe es plötzlich viele Objekte mit derselben Struktur; es gäbe lächelnde Mütter und stirnrunzelnde, Profilmütter und en-face-Mütter. Dadurch würde zwar nicht die Unterscheidung zwischen Selbst und Objekt beeinträchtigt, wohl aber die zwischen verschiedenen Objekten, weil dann ein sich *änderndes Objekt* nicht von einem *anderen Objekt* (zumindest visuell nicht) unterschieden werden könnte. Das sich ändernde Objekt würde fälschlich für zwei oder drei verschiedene Objekte gehalten werden.

Es sieht aber so aus, als wenn es anders wäre, und zwar spätestens ab sieben Monaten. Fagan (1976) und Cohen/Strauss (1979) haben nachweisen können, daß Kinder in diesem Alter an die Identität eines visuellen Perzepts auch über Transformationen seines Ausdrucks und Änderungen seiner Position hinweg glauben. Sie bemerken ab diesem Alter, daß ein Gesicht dasselbe ist, auch wenn es seinen Ausdruck verändert, z. B. zu lächeln anfängt oder im Profil erscheint. Das geänderte Gesicht kann zuverlässig von einem anderen Gesicht unterschieden werden. Verwendet man statt Fotografien Filme von sich bewegenden Gesichtern oder Live-Gesichter, so erhält man vergleichbare Ergebnisse für das Alter von vier bis sechs Monaten (Ruff 1980, S. 883; Gibson/Spelke 1983, S. 34).

Resümee

Die psychoanalytische Entwicklungspsychologie geht davon aus, daß in den ersten fünf Monaten Selbst und Objekt nicht als getrennt empfunden werden (Symbiose). Danach soll sich zwischen fünf und achtzehn Monaten eine Trennung von Selbst und Objekt herausbilden. Es entstehen voneinander getrennte Selbst- und Objektrepräsentanzen, die aber untereinander noch nicht integriert sind. Viele gute und böse Selbstrepräsentanzen und viele gute und böse Objektrepräsentanzen zirkulieren im psychischen Apparat. Dieser Zustand der Aufgespaltenheit, bei dem sowohl die Selbst- von den Objektrepräsentanzen, als auch die guten Selbstrepräsentanzen von den schlechten und die guten Objektrepräsentanzen von den schlechten getrennt sind, ist angeblich zwischen acht und zehn Monaten stabil ausgebildet (s. Kernberg 1972, S. 243ff.; 1976, Kap. 2; Murphy 1980, S. 335). Er soll dann ab achtzehn Monaten langsam durch eine Integration der diversen Selbstrepräsentanzen zu einer einheitlichen Selbstrepräsentanz und der diversen Objektrepräsentanzen zu einer einheitlichen Objektrepräsentanz überwunden werden. Der Abwehrmechanimus der Spaltung verhindert diese Integration und erhält den Zustand, der zwischen acht/zehn und achtzehn Monaten normal ist, über diesen Zeitraum hinaus aufrecht.[8]

Im Gegensatz zu dieser Theorie machen es die von mir dargestellten Untersuchungen wahrscheinlich, daß das Gefühl vom Selbst und die Wahrnehmung vom Objekt von Anfang an wesentlich einheitlicher, integrierter und kohärenter ist als bisher angenommen wurde. Schon im Alter von drei bis vier Monaten fanden sich viele Hinweise auf entsprechende Fähigkeiten. Die Hypothese scheint deshalb begründet, daß ein einheitliches Selbstempfinden und eine einheitliche Objektwahrnehmung schon im ersten halben Lebensjahr existieren.

Zu meiner eigenen Überraschung habe ich festgestellt, daß meine Überlegungen bezüglich eines wichtigen Punkts am ehestens mit denen von Melanie Klein übereinstimmen. Klein hat herausgearbeitet (z. B. 1935, S. 68f.; 1946, S. 115), daß mit Beginn der depressiven Position, also ungefähr mit vier bis sechs Monaten, die Konstruktion ganzer Objekte beginnt. Sie begründet diese Hypothese zwar nicht wahrnehmungspsychologisch, aber die Übereinstimmung in den Zeitangaben ist verblüffend. Klein ist die einzige Autorin in der psychoanalytischen Entwicklungspsy-

[8] Die Gründe für diese Spaltung, die zur Borderline-Persönlichkeitsstörung beiträgt, müssen hier nicht diskutiert werden (s. Kernberg 1975). Die Kleinianer scheinen in Bezug auf die Borderline-Störungen eine andere Theorie zu vertreten. Bei Rosenfeld (1978, S. 341f.) ist das primäre Problem des Borderline-Patienten die drohende Konfusion der Repräsentanzen. Die Patienten haben keine normale Spaltung zustande gebracht, deshalb droht die Psychose. Um die zu verhindern, treten bizarre Spaltungsprozesse auf. Während bei Kernberg also die Differenzierung der Selbst- und Objektrepräsentanzen erreicht ist und die Spaltung diesen Zustand *aufrecht erhält*, um das Ich vor Angst und die guten vor den bösen Repräsentanzen zu schützen, ist bei Rosenfeld die Differenzierung der Selbst- von den Objektrepräsentanzen *nicht* sicher erreicht und wird, zwecks Abwehr der psychotischen Konfusion, durch gewaltsame Spaltung *herbeigeführt*.

chologie, die das Ende der Teilobjekte so weit vorverlegt (von achtzehn auf sechs Monate). Wahrnehmungspsychologische Überlegungen spielen dabei implizit ebenfalls eine Rolle. Der Kleinianer Hinshelwood schreibt: „Bei fortschreitender Entwicklung, insbesondere sobald der visuelle Apparat zum Einsatz gelangt, gewinnt er auch die Fähigkeit, Menschen als ganze Objekte wahrzunehmen." (1989, S. 203), was mit ungefähr vier bis sechs Monaten der Fall sein soll (ebd. S. 201). Das ist zumindest eine Annäherung an meine Auffassung, wonach die Objektwahrnehmung von Anfang an, spätestens aber zwischen vier und sieben Monaten ganzheitlicher ist als bisher angenommen.[9]

Gegen diese Kritik des Konzepts der Teilobjekte und Teilselbste und das Plädoyer für eine einheitliche Selbstempfindung und eine ganzheitliche Objektwahrnehmung könnte man einwenden, daß vorwiegend wahrnehmungspsychologisch argumentiert wurde. Die Psychoanalyse behauptet aber, daß die Gespaltenheit im Erleben der Selbst- und Objektwelt in erster Linie darauf zurückzuführen ist, daß Wahrnehmungen, die in unlustvollen Zuständen gemacht werden, von denen, die in lustvollen Zuständen gemacht werden, getrennt organisiert und aufgezeichnet werden. Demzufolge sind es die gegensätzlichen Affekte, die die Wahrnehmung des Subjekts und der inneren Welt spalten. Entsprechend könnte man dann zwar einräumen, daß die gute lächelnde Mutter und die böse blickende zwar als dieselbe Mutter erkannt werden, aber nur wenn man einseitig die Wahrnehmungsfähigkeit des Säuglings betrachtet. Die psychoanalytische These ist aber, daß heftige Affekte auf vielerlei Weise diese Wahrnehmung beeinträchtigen.

Einmal könnte die Wahrnehmung durch die Affekte trivialisiert werden. Das perzeptuelle Wissen, daß es dieselbe Mutter ist, hätte dann keine affektive Valenz mehr und träte in den Hintergrund, ähnlich wie der erwachsene Borderline-Patient seinen Analytiker heute als gut und morgen als böse erlebt, obwohl er weiß, daß es derselbe Analytiker ist. Solche Schlußfolgerungen vom erwachsenen pathologischen Erleben auf das kindliche normale, sind jedoch nicht ohne Tücken, und die Stichhaltigkeit dieses Arguments ist deshalb schwer einzuschätzen.

---

[9] Von einem anfänglichen einheitlichen Selbstempfinden geht Klein jedoch nicht aus (s. 1946, S. 104), wohl aber Kohut (1975, 1977), wie diverse Ausführungen über das kohäsive Selbst in seiner zweiten Selbstpsychologie zeigen. Sein Konzept einer anfänglichen Einheit von Selbst und Selbstobjekt hat allerdings noch „symbiotische Schlacken".

Eine zweite Möglichkeit, die ich nicht ausschließe, wäre, daß die differenzierte ganzheitliche Wahrnehmung des Säuglings aufgrund affektiver Belastungen zusammenbricht. Dies ist aber nicht die Regel, sondern die Ausnahme, weil niedere und nicht hohe Spannungszustände den Alltag des Säuglings beherrschen (s. Stern 1985, S. 271; Tronick 1989, S. 116; Zelnick/Buchholz 1990, S. 835f.) und weil nur lang andauernde, ungemilderte Spannungszustände einen dauerhaft desorganisierenden Einfluß auf Wahrnehmung und Erleben haben. Das Kennzeichen einer guten Mutter-Kind-Beziehung ist, daß intensive Affekte von der Mutter moduliert werden. Diese beseitigt sie zwar nicht gänzlich, wohl aber ihre übermäßige Dauer. Auf diese Weise erwirbt das Kind Toleranz für Affektspannungen, denn es hat erfahren und gelernt, daß bald Abhilfe geschaffen wird. Der disruptive Charakter heftiger Affekte wird so gemildert. Nur wenn das nicht der Fall ist, entstehen fragmentierte oder konfundierte Selbst- und Objektempfindungen, die dann aber kein normaler Zustand und kein Bestandteil einer normalen Entwicklungsphase sind, sondern entweder nur temporäre Erscheinungen ohne Langzeitwirkung oder dauerhafte Entgleisungen, entstanden aufgrund ständiger affektiver Überlastungen. Sie resultieren aus chronischen Unzulänglichkeiten und Inkonsistenzen der Eltern-Kind-Beziehung. Im Normalfall entstehen einheitliche Wahrnehmungen und Empfindungen von Selbst und Objekt.

Im Bezug auf die Theorie der Gespaltenheit der frühen Erlebniswelt des Kindes komme ich damit zum selben Resultat wie bei der Symbiose. Klinisch betrachte ich Symbiosewünsche als symbolische Überarbeitungen einer gestörten, die Selbstregulierungsfähigkeit des Säugling übermäßig einschränkenden Eltern-Kind-Beziehung: Sie sind Desintegrationsprodukte zusammengebrochener Individuationsbestrebungen. Dasselbe gilt für die Teilselbste und Teilobjekte. Sie sind das Ergebnis eines *Zusammenbruchs* der ursprünglichen einheitlichen Selbst- und Objektempfindung und kein in der Säuglingszeit normaler Zustand.

Affekte

Das Postulat der ursprünglichen Undifferenziertheit von Selbst und Objekt, das der Symbiosetheorie zugrunde liegt, wurde in der psychoanalytischen Entwicklungspsychologie auch auf die Affekte ausgedehnt. Der Säugling soll anfänglich nur Lust und Unlust oder gut und böse empfinden (s. Spitz 1965, S. 64, 161f.). Erst allmählich kristallisieren sich dann im zweiten Lebenshalbjahr aus dieser primitiven Matrix – vor allem unter dem Einfluß der Ichentwicklung – komplexere Gefühle heraus.

Lust und Unlust sind sicher wichtige Regulationsprinzipien des psychischen Apparates, aber bei weitem nicht die einzigen Gefühle des Säuglings im ersten halben Jahr. Genaue Untersuchungen der Gesichtsausdrücke von Erwachsenen und Säuglingen in verschiedenen Kulturen ergeben ein anderes Bild. Für sieben bis acht sogenannter Primär- oder Basisaffekte wurde ein spezifisches Gesichtsausdrucksmuster entdeckt, das in allen Kulturen gleich ist. Es gibt jeweils typische Gesichtsausdrücke für Interesse-Neugier, Überraschung, Ekel, Freude, Ärger, Traurigkeit, Furcht und Schuld. Die meisten davon existieren schon beim Säugling. Sie müssen nicht gelernt werden, sondern sind Bestandteil der normalen Verhaltensausstattung eines jeden Mitglieds der Spezies. Die Ausdrücke für Interesse-Neugier, Überraschung und Ekel gibt es von Geburt an; Freude spätestens ab vier bis sechs Wochen; Ärger und Traurigkeit mit zwei bis vier Monaten; Furcht ab sechs bis sieben Monaten und Schuld im zweiten Lebensjahr.

Eine wichtige Frage ist, ob man die Gesichtsausdrücke von Säuglingen als Indikatoren der entsprechenden Gefühlszustände betrachten kann. Manche Forscher (Sroufe 1979; Lewis et al. 1984; Lewis/Michalson 1985; Michel et al. 1992) haben die Auffassung vertreten, der lächelnde Säugling empfinde nicht unbedingt Freude und der ärgerlich blickende keinen Ärger. Der Gesichtsausdruck sei nämlich eine Art frühreifes motorisches Programm, dem kein entsprechend differenziertes Gefühl zugrunde liege. Diese Konzeption ist nicht direkt zu widerlegen, weil man Säuglinge nicht fragen kann was sie empfinden, aber auf Grund neurobiologischer un anderer Überlegungen (s. Dornes 1993, Kap. 5; Trevarthen 1993) kann man plausibel machen, daß eine weitgehende Entsprechung von Gesichtsausdruck und Gefühl wahrscheinlich ist. Auch die Tatsache, daß es eine interne Kohärenz verschiedener Modalitäten eines Affektausdrucks gibt – d. h. der mimische Ausdruck z. B. von Freude regelhaft mit bestimmten Arten der Vokalisierung und Körperhaltung einhergeht und der Ausdruck von Ärger mit anderen – spricht für die Existenz diskreter Affekte (s. Weinberg/Tronick 1994). Damit wird ein dritter Eckpfeiler der psychoanalytischen Entwicklungspsychologie fragwürdig. Nicht nur die Symbiose- und Borderline-Theorie der frühen Entwicklung, sondern auch das Postulat einer ursprünglichen Undifferenziertheit der Affekte (bzw. ihrer bloßen Differenziertheit in Lust/Unlust oder gut/böse) sollte revidiert werden.

Zum Affektleben des Säuglings läßt sich weiter sagen, daß es sich nicht auf die o. g. Basisaffekte beschränkt, sondern noch vielfältiger ist.

Säuglinge verfügen über ziemlich präzise Zeit- und Intensitätswahrnehmungen. Oben wurde geschildert, wie sie z. B. die Intensität von Licht und Ton koordinieren. Überträgt man diese Ergebnisse auf die Affektforschung (s. Stern 1985, Kap. 3), so liegt die Vermutung nahe, daß Säuglinge nicht nur Freude, Ärger, Überraschung etc. erleben, sondern auch Eigenschaften wie „rasch", „plötzlich", „an- und abschwellend". Ärger und Freude sind also nicht bloß stark oder schwach, sondern von dynamischen Eigenschaften gefärbt, die ihnen eine bestimmte „Textur" verleihen. Plötzlich auftauchender Ärger fühlt sich anders an als langsam an- und abschwellender. Ähnliches gilt für die anderen Affekte und auch für Ereignisse in der Außenwelt. Eine Mutter kann ihren Säugling mit sanften, langsamen Worten oder mit ruckartigen, heftigen Bewegungen aus dem Bettchen nehmen. Er wird die Melodie ihrer Sprache und die Intensität und Geschwindigkeit ihrer Bewegungen bemerken. Ein guter Teil der Einfühlung des Säuglings in die Mutter beruht auf der Wahrnehmung von Tempo und Intensität ihrer verschiedenen Lebensäußerungen. An ihnen spürt er ihre (und seine) Befindlichkeit. Die vitale Dimension von Ereignissen und Affekten wird schon von kleinsten Kindern perzipiert und dies trägt dazu bei, daß sie nicht nur Lust und Unlust sondern ein ganzes Spektrum von Gefühlen und Empfindungen haben.

Affekte und Triebtheorie

Die Psychoanalyse tat sich mit der Assimilierung dieser Forschungsergebnisse lange Zeit unter anderem deshalb schwer, weil dadurch die Brauchbarkeit der Triebtheorie als grundlegender Motivationstheorie für die frühe Kindheit in Frage gestellt wird. Libidinöse und aggressive Triebe sollen die Grundantriebskräfte jedes Säuglings sein und ihre Befriedigung oder Nichtbefriedigung führt zu den entsprechenden affektiven Erlebnisqualitäten von Lust und Unlust. Affekte wurden in der Triebtheorie grundsätzlich als Triebabkömmlinge betrachtet. Die Triebe sind primär, die Affekte sekundär. Der Angstaffekt etwa ist in der ersten Angsttheorie (Freud 1916/17) das direkte *Resultat* unbefriedigter Libido, in der zweiten Angsttheorie (Freud 1926) ein Signal für eine drohende Triebgefahr. Der depressive Affekt resultiert aus einer Überich-Aggression gegen das Ich, ergibt sich also aus einer Kombination von struktur- und triebtheoretischen Überlegungen (Kuiper 1966). In beiden Fällen sind die Affekte Abkömmlinge von Trieben. Aber vier Monate alte Säuglinge, bei denen man Traurigkeit beobachten kann, haben noch kein Überich. Das wußte schon Spitz (1946; 1953; 1965, Kap. 15) und gab deshalb für die im Säuglingsalter auftretende anaklitische Depression eine andere Erklärung. Weil der Säugling sein wichtigstes Objekt (die Mutter) verloren hat, hängen seine Triebe sozusagen in der Luft. Es kommt zu einer Entmischung von Libido und Aggression und die depressive, unter Umständen bis zum Tode führende Symptomatik, erklärt sich aus der Wendung des nunmehr isolierten Aggressionstriebs nach innen. Spitz kommt somit ohne Überich bei der Säuglingsdepression aus, aber seine Annahme einer Triebentmischung mit sechs Monaten widerspricht anderen – auch seinen eigenen – denen zufolge sich Triebe erst mit sechs Monaten *ver*mischen. Sollten sie sich entmischen bevor sie sich vermischt haben? Abgesehen von solchen chronologischen Fragen hat das Konzept der Triebmischung/Entmischung in der psychoanalytischen Theorie generell einen höchst unklaren Status (Laplanche/Pontalis, 1967, S. 529ff.).

Ausgedehnte metapsychologische Spekulationen haben daran nicht viel geändert. Statt durch beständige Intensivierung begriffsakrobatischer Anstrengungen neuen Wein in alte Schläuche zu füllen, halte ich es für besser, das theoretische Grundgerüst neu zu überdenken. Für den vorliegenden Fall heißt das, Affekte und nicht Triebe als primäre Motivationssysteme des psychischen Apparats zu konzipieren. Wir sollten Abschied nehmen von der Vorstellung, daß nur zwei Kräfte – Libido und Aggression – den seelischen Apparat in Gang setzen respektive den Säugling motivieren und sollten akzeptieren, daß andere Motive wie Interesse/Neugier, Freude, Furcht, und Überraschung nicht Umwandlungen von Trieben sind, sondern selbständige und triebunabhängige Antriebskräfte. Am Beispiel der Neugier wird dies besonders deutlich. In der klassischen Triebtheorie ist sie ein Abkömmling der Sexualneugier, eine Sublimierung und Abwandlung derselben. Wie aber soll man damit erklären, daß schon Neugeborene, die noch über gar kein einigermaßen starkes Ich verfügen – und damit auch nicht über die Fähigkeit zur Sublimierung – trotzdem neugierig sind? Und weiter, daß sie es besonders in Zuständen sind, in denen ihre Triebe befriedigt sind, in einer Verfassung also, in der sie der klassischen Triebtheorie zufolge träge und unmotiviert sein müßten? Ich sehe im Rahmen der dualistischen Triebtheorie keine befriedigende Lösungsmöglichkeit für diese und verwandte Fragen.

Natürlich ist man, wenn man die zwei Triebe durch sieben oder acht Basisaffekte ersetzt, auch noch nicht aus dem motivationstheoretischen Schneider, denn es gibt Grundbedürfnisse und Motive, die von den Basisaffekten ebenfalls nicht abgedeckt werden: das Bedürfnis nach Sicherheit und Bindung an eine andere Person ist mit dem Affekt des Interesses nur unzureichend beschrieben; und das Bedürfnis und die Fähigkeit zu sinnlichem Vergnügen und sexueller Erregung ist durch den Affekt der Freude ebenfalls nur unzulänglich erfaßt. Ich weiß derzeit keine (voll) befriedigende Lösung für diese Probleme und lasse sie deshalb offen.

Lichtenberg und Kernberg über Affekte und Triebe

Es gibt allerdings mittlerweile eine Reihe ernstzunehmender Versuche, Aspekte der Triebtheorie mit der modernen Affekttheorie zu verbinden. Zwei davon möchte ich kurz erwähnen.

Lichtenberg (1988, 1989) geht in seinem bedeutenden Entwurf weder von Trieben noch von Affekten aus, sondern von fünf grundlegenden Motivationssystemen. Es gibt: 1. Ein System zur Regulierung physiologischer Bedürfnisse; dieses entspricht am ehesten Freuds Selbsterhaltungs- und Ichtrieben. 2. Ein System zur Regulierung der Bedürfnisse nach Bindung und Verbundenheit. 3. Ein explorativ-assertives System, das Neugier und Selbstbehauptung reguliert. 4. Ein aversives System, das am ehesten dem Aggressionstrieb des traditionellen Modells entspricht. 5. Ein sinnlich-sexuelles System, das die Nachfolge des Sexualtriebs antritt. Alle Systeme sind separate Strukturen, die aber miteinander interagieren können. Die Systeme können von außen und innen aktiviert werden. Affekte spielen in ihnen eine zentrale Rolle, ohne daß man sagen könnte, daß sie mit den Systemen identisch seien. Das explorativ-assertive System kann z. B. durch die Wahrnehmung des menschlichen Gesichts aktiviert werden und bestimmte „funktionale Aktivitäten", also Handlungen wie Hinblicken, Betasten etc. werden ausgelöst. Deren Aktivierung wird von Affekten der Freude und des Interesses begleitet. Die Affekte *verstärken* die mit den funktionalen Aktivitäten einhergehenden Motivationen, schaffen sie aber nicht neu. Zum Bindungssystem gehört ebenfalls ein bestimmtes Wahrnehmungs- und Handlungsrepertoire, wie z. B. die Präferenz für die mütterliche Stimme, das nicht-nutritive Saugen und das Anklammern. Motivation entsteht in dem Moment, wo die mütterliche Stimme gehört oder an einem Objekt gesaugt wird. Die so entstandene Motivation wird dann durch ebenfalls aktivierte Affekte (wie Interesse oder Freude) verstärkt.

Das Verhältnis von System, funktionaler Aktivität, Motivation und Affekt ist in Lichtenbergs Entwurf nicht gänzlich klar. Die systemtheoretische Denkweise und Begrifflichkeit ist schwierig und nur unter Mühen mit der Triebtheorie zu verbinden. Im Grunde stellt sie eine ganz neue Sichtweise dar, und erst die Zukunft wird zeigen, ob sie der Triebtheorie auch klinisch überlegen ist. Dafür wird viel gedanklicher Assimilierungsarbeit zu leisten sein. Diese Anstrengung sollte jedoch unternommen werden, denn ohne gute Motivationstheorie ist die psychoanalytische Theorie nur ein Torso.[10]

Kernbergs Überlegungen (1991a,b) zum Verhältnis von Trieben und Affekten scheinen auf den ersten Blick leichter verdaulich. Er will den Triebbegriff nicht durch den des Motivationssystems ersetzen, sondern an den Begriffen Libido, Aggression und Trieb festhalten. Insofern beläßt er die terminologische Kirche zunächst einmal im Dorf. Bei näherer Betrachtung ändert sich jedoch das Bild. Kernberg akzeptiert die Ergebnisse der neueren Affektforschung und geht von den genannten Basisaffekten als grundlegenden Motivatoren aus. Daneben gibt es noch abgeleitete Affekte. Sie sind „kognitiv weiterentwickelte Kombinationen primärer Affekte" (1991b, S. 252). Bei ihnen spielen die physiologischen und expressiven Komponenten eine geringere Rolle als bei den Basisaffekten, die erlebnismäßig-gefühlshaften dagegen eine größere. „Die Libido (bzw. der Sexualtrieb) entsteht aus der Integration positiver oder belohnender Affektzustände, wie beispielsweise gehobene Stimmung und sexuelle Erregung. Aggression als Trieb entsteht aus der Integration negativer oder aversiver Affekte wie Haß, Wut und Ekel" (ebd.) Was das genau heißt ist in dieser Kürze etwas unklar, aber das Zitat illustriert zumindest, daß auch Kernberg meilenweit von der klassichen Sichtweise entfernt ist. Letztlich kehrt er sie völlig um. Affekte sind nicht mehr Abkömmlinge von Trieben, sondern Triebe sind Abkömmlinge von Affekten, oder, wie es bei ihm

[10] Die Schwierigkeiten eines systemtheoretischen Motivationskonzepts sehe ich u. a. darin, daß seine Begrifflichkeit recht trocken ist und für die klinische Anwendung deshalb nicht sonderlich geeignet erscheint. Hier hat die Triebtheorie mit ihren gefühlsstarken Bildern von „Entladung" und „Abfuhr" sicher Vorteile. Das Problem ist, daß diese Begriffe zwar als Metaphern tauglich sind, aber nicht als theoretische Grundterme. Sie beruhen auf einer Phantasiephysik, an die heute niemand mehr glaubt und deren Weiterverwendung die Psychoanalyse bei den Nachbardisziplinen diskreditiert. Darüber hinaus ist die metapsychologische Artistik der Energieumwandlungen und Besetzungsverschiebungen mindestens genauso erfahrungsfern, wie manche systemtheoretische Begriffe. Man wird abwarten müssen, ob und welche Kompromisse hier in Zukunft möglich sind. Den überzeugendsten Nachweis dafür, daß eine systemtheoretisch konzipierte Motivationstheorie weder begrifflich trocken noch klinisch steril sein muß, liefern Lichtenberg et al. (1992).

heißt, entstehen aus der „Integration" von Affekten. Die Affekte sind das Primäre, die Triebe das Abgeleitete. Dementsprechend gibt es Triebe nicht von Geburt an, sondern erst sehr viel später, vermutlich ab zwei oder drei Jahren, wenn die Integration primärer Affekte und ihre Verknüpfung mit Phantasien hinreichend sicher etabliert ist.

Konsequenterweise fordert Kernberg den Abschied von der Idee der erogenen Zonen der Libido und will sie ersetzt wissen „durch das Konzept eines hocherregten Affektzustandes, der sämtliche physiologisch aktivierten Funktionen und Körperzonen umfaßt, die bei affektiv besetzten Interaktionen des Säuglings ... mit der Mutter ... beteiligt sind" (ebd., S. 253). Libido ist dann nicht mehr zonenspezifisch, sondern als „Quelle" von Libido fungieren alle angenehmen hochaffektiven Austauschprozesse von Mutter und Kind und alle sie begleitenden Körperprozesse. Diese Theorie entfernt sich also trotz terminologischer Loyalität inhaltlich ebenfalls von den klassischen Grundlagen, was ich begrüße.[11]

Interessant ist eine Übereinstimmung von Lichtenberg und Kernberg hinsichtlich der Sexualität. Bei Kernberg entsteht Libido als Trieb (bzw. als Motivationssystem) erst im Laufe der Entwicklung. Sexuelle Erregung ist bei ihm ein komplexer Affekt, der eine längere Entwicklung hat als andere, primäre Affekte (ebd., S. 254). Lichtenberg (1989, Kap. 8) kommt in seinem Überblick über die empirischen Studien zur Sexualität bei Kleinkindern zu einem ähnlichen Schluß, nämlich daß es im ersten Lebensjahr zwar sinnliches Vergnügen aber keine Indizien für sexuelle Erregung gibt. Kinder spielen beispielsweise bis ins Alter von ca. einem Jahr mit ihren Genitalien eher explorativ als erregt. Sie genießen es, wenn die Mutter sie dort streichelt, aber nicht wesentlich anders als anderweitige Liebkosungen. Der Umgang mit dem eigenen Genital ähnelt dem mit einem „Spielzeug". Erst ab ca. eineinhalb Jahren ist die Manipulation der Genitalien von qualitativ anderen beobachtbaren Verhaltensweisen begleitet: der Atem wird gepreßt, der Blick nach innen gewendet und glasig, die Pulsfrequenz steigt, das Kind wirkt „absorbiert". Kurz: erstmals treten alle Zeichen auf, die bei Erwach-

---

[11] Das systemtheoretische Vokabular findet bei Kernberg – trotz Triebbegriff – ebenfalls Verwendung. Triebe sind für ihn nichts Elementares mehr, sondern hierarchisch übergeordnete Motivationssysteme (ebd., S. 251f.), die „über" den Affekten stehen, weil sie komplexer sind als die primären Affekte, nicht weil sie mehr Motivationskraft haben oder entwicklungsgeschichtlich primär sind. Somit hält er zwar am Triebbegriff fest, aber Trieb ist für ihn keine „elementare Kraft" mehr und keine „ständig fließende innersomatische Reizquelle", sondern ein „Motivationssystem". Während Lichtenberg dafür plädiert, den Triebbegriff durch den des Motivationssystems *zu ersetzen*, definiert Kernberg Triebe in Motivationssysteme um.

senen als Begleiterscheinungen sexueller Erregung gelten. Diese scheint also wirklich, wie Kernberg vermutet, eine recht komplizierte und späte Angelegenheit zu sein. Das Kleinkind wäre in dieser Sicht zunächst weniger ein polymorph-perverses, sexuelles Wesen als ein sinnlich vergnügtes. Freuds Libidobegriff umfaßt sicher beides, exploratorisches und exzitatorisches Genitalspiel. Aber gerade wegen dieser „Breite" ist der Begriff nicht sonderlich geeignet die *unterschiedlichen Erlebnisqualitäten* zwischen beiden zu erfassen. Besonders deutlich wird das am Begriff der Oralität. Er umgreift sowohl oral sexuelle Handlungen im engeren Sinn, wie Saugen an Brust oder Penis, als auch Daumenlutschen zwecks Beruhigung oder in den Mund nehmen eines Spielzeugs zwecks Exploration. Solche Subsumierung unterschiedlicher Phänomene unter ein Konzept läuft Gefahr, die Differenzen zu übersehen. Untersuchungen zum Saugverhalten von Neugeborenen machen deutlich, daß nutritives und nicht-nutritives Saugen qualitativ verschiedene Phänomene sind. Beide Saugarten haben einen anderen Rhythmus und verschiedene Funktionen. Es liegt deshalb nahe, sie verschiedenen motivationalen Systemen zuzurechnen, und sie nicht als Transformationen oder Sublimierungen eines einheitlichen oralen Triebes zu konzipieren. Ganz in diesem Sinne erscheint bei Lichtenberg das nährende Saugen im System zur Regulierung physiologischer Spannungen, das nicht-nährende im System Exploration-Assertion. Hier werden also die Unterschiede betont. Möglicherweise läuft dieses Verfahren Gefahr, die Gemeinsamkeiten zu unterschätzen, etwa die der Beruhigung, die beiden Saugarten eigen sein kann. Dennoch: nicht-nutritives Saugen vermittelt eine *andere Art von Beruhigung* als Saugen an der Brust und ein voller Magen. Dieser gefühlsmäßige Unterschied erfährt in einem einheitlichen Oralitätskonzept zu wenig Berücksichtigung.

Ich verlasse nun, offen für weitere Diskussion, das Thema Triebe und Affekte und wende mich dem frühen Denken zu.

Das präsymbolische Denken

Bisher wurden drei Grundfragen geklärt: 1. Die Psychoanalyse braucht eine durch Direktbeoachtung inspirierte Entwicklungspsychologie, weil der Säugling durch Rekonstruktionen allein nicht gut genug erforscht werden kann. 2. Die Symbiose- und Borderline-Theorie der frühen Normalentwicklung sollte neu überdacht werden. 3. Die Ergebnisse einschlägiger Untersuchungen nötigen zu einer Revision der grundlegenden Annahme von der Undifferenziertheit des Neugeborenen. Sie gilt weder für seine Wahrnehmung, noch für seine Affekte, noch für sein Interaktionsverhalten und -erleben. Die bisherige psychoanalytische Theorie hat – so könnte man sagen – den Säugling beträchtlich unterschätzt.

In einer wichtigen Hinsicht hat sie ihn jedoch überschätzt. Sie hat ihm komplizierte psychische Operationen und Phantasien zugeschrieben, z. B. die Fähigkeit zur halluzinatorischen Wunscherfüllung, die Projektion aggressiver oder sonstiger unlustvoller Phantasien nach außen, symbiotische Phantasien, Größenphantasien, projektive Identifizierungen und anderes mehr. All dies kann der Säugling aber nicht, zumindest nicht in den ersten eineinhalb Lebensjahren, weil er in dieser Zeit nicht symbolisch sondern sensomotorisch denkt. Was heißt das?[12]

Der Säugling, der über einen Gegenstand nachdenkt, tut dies nicht in bildhafter Form. Er verfügt nicht über die Fähigkeit, sich ein Bild von einem abwesenden Objekt zu machen. Gegenstände existieren für ihn nur, solange sie anwesend sind und so lange er in handelndem Umgang mit ihnen Kontakt hat. Seine „Objektvorstellung" ist eine Objektempfindung und weitgehend identisch mit den Sinneswahrnehmungen, die das Objekt bei ihm auslöst. Die Mutter ist für ihn kein Bild, das er im Geiste evozieren kann, wenn sie weg ist, sondern sie ist für ihn identisch mit dem Geruch, den sie ausströmt wenn sie da ist, den Sinneseindrücken, die ihre Haut und ihre Kleidung bei Berührung vermitteln, und dem Tonfall ihrer Stimme die der Säugling wiedererkennt wenn sie zu ihm spricht. „Mutter" ist für ihn die Summe der Empfindungen die ihre Anwesenheit bei ihm auslöst. Entsprechendes gilt für eine Rassel oder eine Milchflasche. Wenn diese Objekte verschwinden, so verschwinden auch die durch sie ausgelösten Empfindungen. „Aus den Augen aus dem Sinn", oder: „Aus der Hand aus dem Sinn". Der Säugling sucht zunächst nicht nach den Objekten und fast scheint es, als hätte er sie vergessen. Seine Erfahrungen werden jedoch im Gedächtnis gespeichert. Wenn das Objekt wieder erscheint erkennt er es wieder. Die Aufzeichnungen vergangener Erfahrungen werden dann aktiviert und mit den gegenwärtigen Sinneseindrücken verglichen. Der Säugling verfügt über ein Wiedererkennungsgedächtnis –

[12] Das ganze Thema des frühen „Phantasierens" wird aus der Sicht der Kleinkindforschung ausführlich behandelt bei Lichtenberg (1983), Stern (1985) und Dornes (1993, Kap. 8; 1994). Der Urvater von allen ist Piaget (1936, 1937, 1945). Zelnick/Buchholz (1990) haben ebenfalls einen informativen Übersichtsartikel zum Thema „innere Repräsentanz" beim Säugling geschrieben, auf den an dieser Stelle noch hingewiesen sei.

Rekognition –, nicht aber über ein entwickeltes evokatives Gedächtnis. Erscheint der Gegenstand oder die Mutter nicht, so kann er die vergangenen Aufzeichnungen auch nicht (oder nur ganz kurz) aktivieren, weil er noch nicht über die Fähigkeit verfügt, das Abwesende in dessen Abwesenheit dauerhaft mental zu reproduzieren. Er kann unter der Abwesenheit der Mutter oder der Milchflasche leiden, er kann etwas vermissen, aber er weiß nicht worunter er leidet und was er vermißt. Er kann das Abwesende nicht herbeihalluzinieren. *Vor* dem Erwerb der Symbolfunktion gibt es keine halluzinatorische Wunscherfüllung, sondern nur aktuelle Bedürfnisbefriedigung oder Frustration. Die Realität kann nicht umphantasiert werden, sondern ist wie sie ist – gut oder schlecht (s. a. Stern 1985, S. 237f.). Ist sie schlecht, so hat der Säugling unangenehme Empfindungen, aber keine bösen Selbstrepräsentanzen, die er projizieren könnte. Die unangenehmen Empfindungen versucht er durch Schreien, Strampeln, Einschlafen etc. loszuwerden, aber nicht durch Projektion von Repräsentanzen. Er kann auch nicht kompensatorisch zu Größenphantasien Zuflucht nehmen um sich zu trösten, denn das würde – ebenso wie die Projektion von Repräsentanzen – voraussetzen, daß er eine „Vorstellung" von sich hat, die über die aktuellen Empfindungen hinausgeht. Erst *nach* dem Erwerb der Symbolfunktion – mit ca. zwölf bis achtzehn Monaten – ist das möglich. Vorher ist das Denken kleiner Kinder nicht wie das der Erwachsenen oder älterer Kinder, die über das Abwesende nachdenken können indem sie es symbolisch repräsentieren und dann die Symbole und Phantasien im Sinne ihrer Wünsche und Ängste verändern. Mentale Inhalte können intrapsychisch erst manipuliert werden, wenn sie symbolisch encodiert sind. Das Denken des präsymbolischen Kindes ist überwiegend handlungs- und wahrnehmungsgebunden, sensomotorisch nicht symbolisch.

Das hat weitreichende Konsequenzen für viele psychoanalytische Theorieteile. Die ganze Lehre von den frühen Abwehrmechanismen muß neu betrachtet werden, denn Projektion, Introjektion, projektive Identifizierung und Verleugnung gibt es nicht als aktive, intentionale psychische Mechanismen, sondern nur in verhaltensmäßiger Vorform: Es gibt keine Abwehr*mechanismen* sondern nur Abwehr*maßnahmen* (s. Fraiberg 1982; Lichtenberg 1983, S. 75f.). Die Verleugnung des präsymbolischen Kindes ist keine Nichtwahrnehmung eines seelischen Inhalts, sondern die Vermeidung einer aktuellen, mit negativen Affekten verknüpften Wahrnehmung: es sieht weg, wenn eine Mutter kommt, die ihm überwiegend unangenehme Empfindungen bereitet hat.

Auch die Theorie über Primär- und Sekundärprozeß sollte modifiziert werden. Das erste Denken des Kindes ist nicht primärprozeßhaft sondern sensomotorisch, nicht realitätsabgewandt-halluzinatorisch, sondern realitätszugewandt und von der Realität abhängig. Es gibt kein Denken ohne Handeln und Wahrnehmen. Primärprozeßdenken, dessen zentrale Charakteristika Verdichtung und Verschiebung *innerhalb eines Symbolgefüges* sind, ist erst ab eineinhalb Jahren möglich. Wahrscheinlich entstehen Primär- und Sekundärprozeß gleichzeitig in diesem Alter und nicht nacheinander (ausführlich dazu Dornes 1993, Kap. 8 mit weiterer Literatur).

Die Konzeption eines frühen intrapsychischen Konflikts sollte ebenfalls überprüft werden. Damit ein Wunsch, eine Triebregung oder ein Affekt vom Ich abgewiesen werden kann ist es notwendig, daß das Ich die Ver- und Gebote der Außenwelt verinnerlicht und symbolisch repräsentiert hat. Ohne symbolische Repräsentation kann eine Triebregung von der Realität frustriert aber nicht vom Ich verdrängt werden, weil die Verdrängung bekanntlich nicht am Trieb selbst, sondern an dessen Vorstellungsrepräsentanz ansetzt. Ohne Symbolfunktion gibt es aber keine Vorstellungsrepräsentanz. Die Schlußfolgerung, zu der ich in diesem Abschnitt gelange, ist also, daß wir auch viele Vermutungen über das frühe Denken und Phantasieren verändern müssen, nicht nur die über Wahrnehmung und Affekte.[13]

---

[13] In der psychoanalytischen Theorie findet sich jedoch der Symbolisierungsbegriff noch in einer anderen Variante als der hier in den Vordergrund gestellten des „Bilder machens" bzw. der (bildhaften) Evokation eines abwesenden Objekts. Ausgehend von Melanie Kleins früher Arbeit zur Symbolbildung (Klein 1930) und Winnicotts (1951) Theorie des Übergangsobjekts wird Symbolisierung als „psychische Bedeutungsverleihung" verstanden. Küchenhoff (1990, S. 81) weist zu Recht darauf hin, daß Symbolisierung nicht unbedingt gleichbedeutend mit psychischer Bildhaftigkeit sein muß. Jeder Erwachsene ist zu psychischer Bildhaftigkeit in der Lage, und dennoch können manche, insbesondere psychosomatisch Erkrankte, nicht „symbolisieren", d. h. Körperempfindungen, Affekte, Bilder und Gedanken nicht in bedeutungsvoller Weise als Teil des eigenen Seelenlebens empfinden. Gefühle und Gedanken sind bei ihnen isoliert, fragmentiert und konkretistisch. Obwohl sie in der Lage sind, abwesende Objekte im Geiste zu evozieren, sind ihre Phantasien über die Objekte oder den eigenen Körper eigentümlich leer und stereotyp. Dieser Symbolisierungsmangel ist von einem Verlust der Bildhaftigkeit im übertragenen Sinn begleitet: Nicht die Fähigkeit zum Bilder machen ist verlorengegangen, sondern die Lebendigkeit, Plastizität und Bedeutung von Bildern und Affekten. Sie liegen gleichsam wie erratische Blöcke in der Seele herum und sind nicht in eine kohärente innere Welt integriert. Diese Form der Nicht- oder Desymbolisierung als Mangel an Bedeutungsverleihung wird von Autoren

Introjektion und projektive Identifizierung beim Säugling: Das Wesen früher Austauschprozesse

Dennoch sind die psychoanalytischen Theorien über frühe Abwehr- und Introjektionsprozesse nicht einfach falsch. Sie beschreiben Prozesse, die tatsächlich stattfinden, wenn auch in anderer Form als die Terminologie der Repräsentanzen es nahelegt. Ich möchte diese These am Beispiel der projektiven Identifizierung illustrieren.

Der Begriff hat derzeit Konjunktur und fast könnte man sagen, er läuft Amok in der psychoanalytischen Literatur. Fast jeder Autor hat mittlerweile sein eigenes Konzept dieses Vorgangs (Überblick bei Zwiebel 1985; Sandler 1987; Mertens 1991, S. 30ff., 64ff.). In der einfachsten Lesart ist ungefähr folgendes gemeint: ein unangenehmer Impuls, z. B. eine aggressive Regung, ist für das Subjekt unerträglich und wird deshalb auf die Außenwelt projiziert. Im Unterschied zur Projektion gelingt das in der projektiven Identifizierung nur unzureichend. Das projizierende Subjekt bleibt weiterhin in Kontakt mit dem projizierten Impuls und wird ihn nicht ganz los. Gleichzeitig ist durch die Projektion die Außenwelt gefährlich geworden und muß manipuliert und kontrolliert werden. Diese Kontrollversuche machen das manipulierte Objekt aggressiv und es verspürt die Neigung, sich im Sinne der Projektion zu benehmen. Es wird aggressiv, deutet aggressiv oder handelt sogar so. Ein unliebsamer seelischer Inhalt des Subjekts ist also beim Objekt gelandet, wird von diesem exekutiert und landet wieder beim Subjekt, das so zum Opfer seiner eigenen Aggression wird. Solche kreisförmigen interpersonalen Austauschprozesse finden auch zwischen Mutter und Säugling statt, allerdings nicht als verbal vermittelter Austausch von Gefühlen, sondern auf einer Handlungsebene. Ein depressiver Säugling projiziert keine depressiven Phantasien, die er nicht hat, aber seine Körperhaltung ist zusammengesunken, seine Motorik und Atmung verlangsamt, sein Gesicht unbelebt, seine Interaktion unvital. Kleinkindforscher haben beeindruckend beschrieben wie auch nicht-depressive Erwachsene von diesem Affekt und Interaktionsstil infiltriert werden (Field et al. 1988). Ihre Interaktionen verlangsamen sich, ihr Gesichtsausdruck wird weniger lebhaft und sie fühlen sich nach kurzer Zeit erschöpft. Eine unliebsame seelische Empfindung des Säuglings ist bei ihnen gelandet. Sie wurde nicht „projiziert“, aber über interaktionelle Verhaltensweisen

---

wie M. Klein, Winnicott, Bion, Lacan u. a. beschrieben (s. Green 1975, Ogden 1985 und Küchenhoff 1990 mit weiterer Literatur). Die Zukunft wird zeigen, ob und wie ein solcher Symbolisierungsbegriff mit dem von mir diskutierten zu verbinden ist.

kommuniziert. Der Erwachsene kann sich, ganz wie bei der projektiven Identifizierung, dem kommunizierten Affekt nicht entziehen; er interagiert nun selber depressiv und gibt den Affekt an den Säugling zurück. Der wird jetzt noch depressiver und zum Opfer der von ihm beim Erwachsenen induzierten Depression. Ähnlich wurde der oben beschriebene Patient zum Opfer der von ihm projizierten Aggression. Es *gibt* also projektive Identifizierung zwischen Mutter und Säugling, aber sie sieht anders aus als bisher in der psychoanalytischen Theorie konzeptualisiert. Die beteiligten Affekte werden nicht mittels symbolischer sondern mittels präsymbolischer Kommunikation übertragen. Es werden keine Repräsentanzen, Phantasien oder Affekte projiziert, zumindest nicht vom Säugling, sondern ein Affekt wird im *Verhalten* ausgedrückt und auf diesem Weg zum anderen transportiert.

Etwas ähnliches gilt für die Phantasien oder Gefühle Erwachsener. Auch sie werden dem Säugling auf dem Verhaltensweg mitgeteilt und von ihm nur verstanden, sofern sie ein handlungsmäßiges, ausdruckshaftes Korrelat haben. Eine Mutter kann z. B. die bewußte oder unbewußte Phantasie haben, ihr Säugling würde verhungern. Diese Phantasie kann der Säugling nicht verstehen, selbst wenn sie ihm mitgeteilt würde. Was er aber versteht ist folgendes: um ihrer Angst vor Verhungerung Herr zu werden, wird die Mutter den Säugling bei jeder passenden und unpassenden Gelegenheit füttern (Beispiele bei Cramer 1987). Ein Fütterungszwang wandert in die Interaktion ein, auf den der Säugling aversiv reagiert. Er wird sich verschlucken, erbrechen, die Nahrung verweigern, sich also auf den Weg zum Verhungern begeben und so die mütterliche Phantasie exekutieren oder „introjizieren". Frühe Introjektion heißt also, daß Phantasien und Affekte der Eltern über interaktionelle Korrelate kommuniziert und so vom Säugling verstanden werden. *„Introjektion" beim Säugling ist kein absichtsvoller, aktiver psychischer Prozeß der Hereinnahme eines fremden seelischen Inhalts, sondern eine Übernahme von, Anpassung an, oder Reaktion auf die ausdrucksmäßigen Korrelate elterlicher Phantasien.* Die Psychoanalyse beschreibt in von Nicht-Psychoanalytikern oft als mythologisch empfundenen Begriffen wie Introjektion und projektive Identifizierung durchaus reale Prozesse, aber für den Säugling sind diese Prozesse auf andere Weise real, als die Phantasieterminologie, die die Fähigkeit des Säuglings überfordert, supponiert.

Im Grunde haben also beide recht, Psychoanalytiker und Verhaltenswissenschaftler. Die Verhaltenswissenschaftler beschreiben den Weg und die Art, wie elterliche Phantasien in der präverbalen Zeit kommuniziert und verstanden werden, die Psychoanalyse erhellt den Inhalt dieser Phantasien und ihre die Interaktion determinierende Kraft. Cramer hat in verschiedenen Publikationen (1987, 1989; Brazelton/Cramer 1989, Teil II) auf faszinierende Weise beschrieben, wie durch psychoanalytische Exploration die unbewußten Phantasien der Eltern über sich und ihre Kinder an die Oberfläche gebracht werden können. Dabei zeigt sich regelmäßig, daß auf den ersten Blick unverständliches und pathogenes Interaktionsverhalten ein Ausdruck solcher Phantasien ist und wie ihre Durcharbeitung den Interaktionsstil, unter dem oft Eltern und Kinder leiden, verändern kann. Statt sich gegenseitig vorzuwerfen, die einen seien positivistisch oder behavioristisch und die anderen unwissenschaftlich oder subjektivistisch, sollten sich Psychoanalytiker und Verhaltensforscher lieber zusammentun. Der Säugling und sein Wohlergehen sind einfach zu wichtig, um sie einer Disziplin alleine zu überlassen.

Literatur

Angel, K. (1967): On symbiosis and pseudosymbiosis. Journ. Amer. Psychoanal. Assn. 15: 294–316

Bahrick, L. und J. Watson (1985): Detection of intermodal proprioceptive-visual contingency as a potential basis of self-perception in infancy. Developmental Psychology 21: 963–973

Baumgart, M. (1991): Psychoanalyse und Säuglingsforschung: Versuch einer Integration unter Berücksichtigung methodischer Unterschiede. Psyche 45: 780–809

Berna-Simons, L. (1982): Säuglingsbeobachtung in der Psychoanalyse – Ein historischer Überblick. Arbeitshefte Kinderanalyse, Heft 2, hg. vom Wissenschaftlichen Zentrum II der GH-Kassel, Dez.1982, 141–181

Brazelton, B. und B. Cramer (1989): Die frühe Bindung. Die erste Beziehung zwischen dem Baby und seinen Eltern. Stuttgart (Klett-Cotta) 1991

Butterworth, G. (1983): Structure of the mind in human infancy. In: Advances in Infancy Research. Vol. 2: Norwood, NJ (Ablex), 1–29

Cohen, L. und M. Strauss (1979): Concept acquisitation in the human infant. Child Development 50: 419–424

Cramer, B. (1984): Realität als Problem der psychoanalytischen Erkenntnistheorie: Kritische Überlegungen auf Grund direkter Kinderbeobachtung. Jahrb. Psychoanal. 16: 153–185

Cramer, B. (1987): Objective and subjective aspects of parent-infant-relations: An attempt at correlation between infant studies and clinical work. In: J. Osofsky (Ed.): Handbook of Infant Development. New York u. a. (Wiley), 1037–1057 (2nd ed.)

Cramer, B. (1989): Frühe Erwartungen. Unsichtbare Bindungen zwischen Mutter und Kind. München (Kösel) 1991
Dodd, B. (1979): Lip reading in infants: Attention to speech presented in-and-out-of-synchrony. Cognitive Psychology 11: 478–484
Dornes, M. (1993): Der kompetente Säugling. Die präverbale Entwicklung des Menschen. Frankfurt a.M. (Fischer)
Dornes, M. (1994): Können Säuglinge phantasieren? Psyche 48, 1994: 1154–1175
Dowling, S. (1981): Abstract report from the literature on neonatology. Psychoanal. Quart. 50: 290–295
Eagle, M. (1984): Neuere Entwicklungen in der Psychoanalyse. Eine kritische Würdigung. München-Wien (Verlag International Psychoanalye) 1988
Emde, R. und J. Robinson (1979): The first two months: Resent research in developmental psychobiology and the changing view of the newborn. In: J.D. Nosphitz (Ed.): Basic Handbook of Child Psychiatry., Vol. 1: Development. New York and London (Basic Books), 72–105
Esman, A. (1983): Die Reizschranke. Forschungsbericht und Neubetrachtung. Psyche 45, 1991: 143–156
Fagan, J. (1976): Infants' recognition of invariant features of faces. Child Development 47: 627–638
Fast, I. (1985): Infantile narcissism and the active infant. In: I. Fast: Event Theory: A Piaget-Freud Integration. Hillsdale, NJ (Erlbaum), 17–30
Field, T., B. Healy, S. Goldstein, S. Perry, D. Bendell, S. Schanberg, E. Zimmerman, C. Kuhn (1988): Infants of depressed mothers show depressed behavior even with nondepressed adults. Child Development 59: 1569–1579
Fogel, A. (1977): Temporal organization in mother-infant face-to-face interaction. In: H. Schaffer (Ed.): Studies in Mother-Infant Interaction. London u. a. (Academic Press), 119–151
Fraiberg, S. (1982): Pathological defenses in infancy. Psychoanal. Quart. 51: 612–635
Freud, A. (1976): Die Beziehung zwischen Psychopathologie und Normalentwicklung. Die Schriften der Anna Freud. Bd. 10, 2705–2718
Freud, S. (1905): Drei Abhandlungen zur Sexualtheorie. SA 5, 37–145
Freud, S. (1909): Diskussionsbemerkung zum Vortrag von Friedjung: Was kann die Kinderheilkunde von der psychoanalytischen Forschung erwarten? In: H. Nunberg/ E. Federn (Hg.): Protokolle der Wiener Psychoanalytischen Vereinigung. Bd. II. Frankfurt (Fischer) 1977, 291–294
Freud, S. (1916/17): Vorlesungen zur Einführung in die Psychoanalyse. SA 1, 34–445
Freud, S. (1920): Vorwort zur vierten Auflage der Drei Abhandlungen zur Sexualtheorie. SA 5, 45–46
Freud, S. (1926): Hemmung, Symptom und Angst. SA 6, 229–308
Freud, S. (1937): Konstruktionen in der Analyse. SA Erg. Bd., 393–406
Gedo, J. (1980): Reflections on some current controversies in psychoanalysis. Journ. Amer. Psychoanal. Assn. 28: 363–383
Gianino, A. und E. Tronick (1988): The mutual regulation model: The infant's self and interactive regulation and coping and defensive capacities. In: T. Field/P. Mc-

Cabe/N. Schneiderman (Eds.): Stress and Coping across Development. Hillsdale, NJ. (Erlbaum), 47–68

Gibson, E. und E. Spelke (1983): The development of perception. In: J. Flavell und E. Markman (Eds): Cognitive Development = P. Mussen (Gen.Ed.): Handbook of Child Psychology. Vol. 3. New York u. a. (Wiley), 1–76 (4th ed.)

Giovacchini, P. (1972): The symbiotic phase. In: P. Giovaccini (Ed.): Tactics and Techniques in Psychoanalytic Therapy. (Science House), 137–169

Golinkoff, R., I. Uzgiris, E. Gibson und J. /Watson (1984): The development of causality in infancy: A symposion. In: Advances in Infancy Research. Vol. 3. Norwood, NJ (Ablex), 125–165

Green, A. (1975): Analytiker, Symbolisierung und Abwesenheit im Rahmen der psychoanalytischen Situation. Psyche 29: 503–541

Harrison, I. (1986): On 'merging' and the fantasy of merging. Psychoanal. Study Child 41: 155–170

Hartmann, H. (1950): Psychoanalyse und Entwicklungspsychologie. In: H. Hartmann: Ichpsychologie. Studien zur psychoanalytischen Theorie. Stuttgart (Klett) 1972, 106–118

Herzog, J. (1986): Rezension von J. Kagan, 'The Nature of the Child'. Int. J. Psycho-Anal. 67: 380–381

Hinshelwood, R. (1989): Wörterbuch der kleinianischen Psychoanalyse. Stuttgart (Verlag Internationale Psychoanalyse) 1993

Jacobson, E. (1954): The self and the object world. Psychoanal. Study Child 9, 75–127

Kernberg, O. (1972): Early ego integration and object relations. Annals of the New York Academy of Sciences, 193: 233–247

Kernberg, O. (1975): Borderline-Störungen und pathologischer Narzißmus. Frankfurt a.M. (Suhrkamp) 1978

Kernberg, O. (1976): Objektbeziehungen und Praxis der Psychoanalyse. Stuttgart (Klett-Cotta) 1981

Kernberg, O. (1991a): Sexual excitement and rage: Building blocks of drives. Sigmund Freud House Bull. 15: 3–35

Kernberg, O. (1991b): Die Psychopathologie des Hasses. Forum Psychoanal. 7: 251–270.

Klein, Me. (1930): Die Bedeutung der Symbolbildung für die Ichentwicklung. In: M. Klein (1972), 36–54

Klein, Me. (1935): Zur Psychogenese der manisch-depressiven Zustände. In: M. Klein (1972), 45–73

Klein, Me. (1946): Bemerkungen über einige schizoide Mechanismen. In: M. Klein (1972), 101–125

Klein, Me. (1972): Das Seelenleben des Kleinkindes und andere Beiträge zur Psychoanalyse. Reinbek bei Hamburg (Rowohlt)

Klein, Mi. (1981): On Mahler's autistic and symbiotic phases. An exposition and evaluation. Psychoanal. Contemp. Thought 4: 69–105

Küchenhoff, J. (1990): Über verstehbare und nicht-verstehbare Zusammenhänge in der psychoanalytischen Psychosomatik. In: U. Streeck und H.-V. Werthmann (Hrsg.):

Herausforderungen für die Psychoanalyse. Diskurse und Perspektiven. München (Pfeiffer), 67–86

Kuiper, P. (1966): Die seelischen Krankheiten des Menschen. Psychoanalytische Neurosenlehre. Stuttgart (Huber/Klett)

Kohut, H. (1975): Bemerkungen zur Bildung des Selbst. In: H. Kohut (1975): Die Zukunft der Psychoanalyse. Frankfurt a.M. (Suhrkamp), 252–285

Kohut, H. (1977): Die Heilung des Selbst. Frankfurt a.M. (Suhrkamp) 1979

Laplanche, J. und J.-B. Pontalis (1967): Das Vokabular der Psychoanalyse. Frankfurt a.M. (Suhrkamp) 1972

Leslie, A. (1982): The perception of causality in infants. Perception 11: 173–186

Leslie, A. (1984a): The infant's encoding of simple causal events. Unveröffentlicht, ref. in H. Keller (Hg.) (1989): Handbuch der Kleinkindforschung. Berlin u. a. (Springer), 412

Leslie, A. (1984b): Spatiotemporal continuity and the perception of causality in infants. Perception 13: 287–305

Leslie, A. und S. Keeble (1987): Do six-month-old infants perceive causality? Cognition 25: 265–288

Lester, E. (1982) (rep.): New directions in affect theory. Journ. Amer. Psychoanal. Assn. 30: 197–211

Lewis M., und L. Michalson (1985): Faces as signs and symbols. In: G. Zivin (Ed.): The Development of Expressive Behavior. Biology-Environment Interactions. Orlando u. a. (Academic Press), 153–179

Lewis, M., M. Sullivan und L. Michalson (1984): The cognitive-emotional fugue. In: C. Izard, J. Kagan und R. Zajonc (Eds.): Emotions, Cognition, and Behavior. Cambridge u. a. (Cambridge Univ. Press), 264–287

Lewkowicz, D. und G. Turkewitz (1980): Cross-modal equivalence in early infancy: Auditory-visual intensity matching. Developmental Psychology 16: 597–607

Lichtenberg, J. (1981): Implications for psychoanalytic theory of research on the neonate. Int. Rev. Psychoanal. 8: 35–52

Lichtenberg, J. (1982): Reflections on the first year of life. Psychoanal. Inquiry 1: 695–729

Lichtenberg, J. (1983): Psychoanalyse und Säuglingsforschung. Berlin u. a. (Springer) 1991

Lichtenberg, J. (1987): Einige Parallelen zwischen den Ergebnissen der Säuglingsbeobachtung und klinischen Beobachtungen an Erwachsenen, besonders Borderline-Patienten und Patienten mit narzißtischer Persönlichkeitsstörung. Psyche 44, 1990: 871–901

Lichtenberg, J. (1988): Motivational-funktionale Systeme als psychische Strukturen. Forum Psychoanal. 7, 1991: 85–97

Lichtenberg, J. (1989): Psychoanalysis and Motivation. Hillsdale, NJ (The Analytic Press)

Lichtenberg, J., F. Lachmann und J. Fosshage (1992): Self and Motivational Systems. Toward a Theory of Psychoanalytic Technique. Hillsdale, New Jersey (The Analytic Press)

Loch, W. (1976): Psychoanalyse und Wahrheit. Psyche 30: 865–898

Loch, W. und G. Jappe (1974): Die Konstruktion der Wirklichkeit und der Phantasien. Psyche 28: 1–31

Mahler, M. (1988): Mein Leben, mein Werk. Hg. von P. Stepansky. München (Kösel) 1989

Mahler, M. und B. Gosliner (1955): Zur symbiotischen kindlichen Psychose: Genetische, dynamische und Wiederherstellungsaspekte. In: M. Mahler (1985): Studien über die drei ersten Lebensjahre. Stuttgart (Klett-Cotta), 141–163

Mahler, M., F. Pine und A. Bergman (1975): Die psychische Geburt des Menschen. Symbiose und Individuation. Frankfurt a.M. (Fischer) 1978

Mehler, J. (1985): Language related dispositions in early infancy. In: J. Mehler und R. Fox (Eds.): Neonate Cognition: Beyond the Blooming Buzzing Confusion. Hillsdale, NJ (Erlbaum), 8–28

Mertens, W. (1991): Einführung in die psychoanalytische Therapie. Bd. 3. Stuttgart u. a. (Kohlhammer)

Michel, G., L. Camras und J. Sullivan (1992): Infant interest expressions as coordinative motor structures. Infant Behavior and Development 15: 347–358

Murphy, L. (1980): Psychoanalytic views of infancy. In: S. Greenspan und G. Pollock (Eds.): The Course of Life. Vol. 1: Infancy and Early Childhood. Washington (U.S. Gouvernment Printing Office), 313–363

Ogden, T. (1985): On potential space. Int. J. Psycho-Anal. 66: 129–141

Peterfreund, E. (1978): Some critical comments on psychoanalytic conceptualizations of infancy. Int. Journ. Psycho-Anal. 59, 427–441

Piaget, J. (1936): Das Erwachen der Intelligenz beim Kinde. Stuttgart (Klett) 1975 (Studienausgabe, Gesammelte Werke Bd. 1)

Piaget, J. (1937): Der Aufbau der Wirklichkeit beim Kinde. Stuttgart (Klett) 1975 (Studienausgabe, Gesammelte Werke Bd. 2)

Piaget, J. (1945): Nachahmung, Spiel und Traum. Stuttgart (Klett) 1975 (Studienausgabe, Gesammelte Werke Bd. 5)

Pine, F. (1977): Discussion of 'Early object experiences in the development of communicative structures'. In: N. Freedman und S. Grand (Eds.): Communicative Structures and Psychic Structures. New York and London (Plenum Press), 75–83

Pine, F. (1979): On the pathology of the separation-individuation process as manifested in later clinical work: An attempt at delineation. Int. J. Psycho-Anal. 60: 225–242

Pine, F. (1990): Infant research, the symbiotic phase, and clinical work: A case study of a concept. In: F. Pine: Drive, Ego, Object and Self: A Synthesis for Clinical Work. New York (Basic Books), 232–246

Pine, F. (1992): Some refinements of the separation-individuation concept in light of research on infants. Psychoanal. Study Child, 47: 103–116

Rose, G. (1972): Fusion states. In: P. Giovaccini (Ed.): Tactics and Techniques in Psychoanalytic Therapy. (Science House), 170–188

Rosenfeld, H. (1978): Zur Psychopathologie und psychoanalytischen Behandlung einiger Borderline-Patienten. Psyche 35, 1981: 338–352

Ross, N. (1975): Affect as cognition: With observations on the meanings of mystical states. Int. Rev. Psychoanal. 2: 79–93

Rubinfine, D. (1981): Reconstruction revisited: The question of the reconstruction of mental functioning during the earliest months of life. In: S. Tuttman, C. Kaye und M. Zimmerman (Eds.): Object and Self: A Developmental Approach. Essays in Honor of Edith Jacobson. New York (International Univ. Press), 383–395

Ruff, H. (1980): The development of perception and recognition of objects. Child Development 51: 981–992

Sander, L. (1980) (rep.): New knowledge about the infant from current research: Implications for psychoanalysis. Journ. Amer. Psychoanal. Assn. 28: 181–198

Sandler, J. (Ed.) (1987): Projection, Identification, Projective Identification. Madison (International Univ. Press)

Schafer, R. (1983): The Analytic Attitude. New York (Basic Books)

Schaffer, H. (1979): Acquiring the concept of the dialogue. In: M. Bornstein und W. Kessen (Eds.): Psychological Development from Infancy: Image to Intention. Hillsdale, NJ (Erlbaum), 279–305

Segal, H. (1982): Early infantile development as reflected in the psychoanalytic process: Steps in integration. Int. J. Psycho-Anal. 63: 15–22

Sophian, C. und A. Huber (1984): Early developments in children's causal judgements. Child Development 55: 512–526

Spelke, E. (1979): Perceiving bimodally specified events in infancy. Developmental Psychology 15: 626–636

Spence, D. (1982): Narrative Truth and Historical Truth. Meaning and Interpretation in Psychoanalysis. New York and London (W.W. Norton)

Spitz, R. (1946): Die anaklitische Depression. In: G. Bittner und E. Schmid-Cords (Hg.): Erziehung in früher Kindheit. München (Piper) 1969, 104–135

Spitz, R. (1953): Aggression: Its role in the establishment of object relations. In: R. Spitz (1983): Dialogues from Infancy. Selected Papers. N.Y. (International Univ. Press), 321–331

Spitz, R. (1965): Vom Säugling zum Kleinkind. Naturgeschichte der Mutter-Kind-Beziehungen im ersten Lebensjahr. Stuttgart (Klett)

Sroufe, A. (1979): Socioemotional development. In: J. Osofsky (Ed.): Handbook of Infant Development. New York u. a. (Wiley), 462–516 (1st ed.)

Steffens, W. (1987): Rezension von M. Mahler (1985), Studien über die drei ersten Lebensjahre. Psyche 41: 180–183

Stern, D. (1983): The early development of schemas of self, other, and 'self with other'. In: J. Lichtenberg und S. Kaplan (Eds.): Reflections on Self Psychology. Hillsdale, NJ (The Analytic Press), 49–84

Stern, D. (1985): Die Lebenserfahrung des Säuglings. Stuttgart (Klett-Cotta) 1992

Stone, J., H. Smith und L. Murphy (Eds.) (1973): The Competent Infant. New York (Basic Books)

Tress, W. (1985): Psychoanalyse als Wissenschaft. Psyche 39: 385–412

Tress, W. (1986): Zur intentionalen Sprache der Handlung als dem Fundament einer wissenschaftlichen Psychoanalyse. Eine handlungs- und sprachphilosophische Kritk an R. Schafer. Jahrb. Psychoanal. 18: 100–139

Tress, W. (1987): Sprache – Person – Krankheit: Vorklärungen zu einer psychologischen Medizin der Person. Berlin u. a. (Springer)

Trevarthen, C. (1993): The function of emotions in early infant communication and development. In: J. Nadel und L. Camaioni (Eds.): New Perspectives in Early Communicative Development. New York und London (Routledge), 48–81
Tronick, E. (1989): Emotions and emotional communication in infants. American Psychologist 44: 112–119
Walker-Andrews, A. und E. Lennon (1985): Auditory-visual perception of changing distance by human infants. Child Development 56: 544–548
Wallerstein, R. (1976): Summary of the 6th pre-congress conference on training: 'The contribution of child analysis to the training in adult analysis'. Int. J. Psycho-Anal. 57: 198–205
Watson J., (1985): Contingency perception in early social development. In: T. Field und N. Fox (Eds.): Social Perception in Infants. Norwood, NJ (Ablex), 157–176
Weinberg, K. und E. Tronick (1994): Beyond the face: An empirical study of infant affective configurations of facial, vocal, gestural, and regulatory behaviors. Child Development 65: 1503–1515
Winnicott, D. (1951): Übergangsobjekte und Übergangsphänomene. In: D. Winnicott (1976): Von der Kinderheilkunde zur Psychoanalyse. München (Kindler), 293–312
Zelnick, L. und E. Buchholz (1990): Der Begriff der inneren Repräsentanz im Lichte der neueren Säuglingsforschung. Psyche 45, 1991: 810–846
Zwiebel, R. (1985): Das Konzept der projektiven Identifizierung. Psyche 39: 456–468

Persönlichkeitsstörungen – Zum Bedingungsgefüge von Disposition, frühgestörter Entwicklung und Traumatisierung

Hartmut Schneider

„Nebenbei gesagt, ist wahrscheinlich ein ähnlicher Mangel an gegenseitigem ‚Zu-einander-Passen' – nämlich die Inkongruenz der an sich korrekten Technik des Analytikers und der besonderen Bedürftigkeit des Patienten ... – eine der Hauptursachen für die Schwierigkeiten oder sogar Fehlschläge, die dem Analytiker in seiner Praxis begegnen." (Balint, 1973)

Einleitung

Die Begriffsgeschichte der Persönlichkeitsstörungen ist eng mit den gewundenen Pfaden psychiatrischer Denktraditionen verbunden. Persönlichkeitsstörungen wurden schon von Pinel (1809), von Esquirol (1838), im angelsächsischen Raum von Prichard (1835) („moral insanity") abgegrenzt (s. Fiedler 1994). Ende des 19. Jahrhunderts war bereits die terminologische Verquickung dissozialer Verhaltensweisen mit der psychiatrischen Nosologie üblich mit der Tendenz zur Abwertung von Persönlichkeitsabweichungen, deren Feststellung stigmatisierend wirken mußte. Die Degenerationslehre Morels (1857) und Annahmen über konstitutionelle und hereditäre Faktoren führten schließlich zu Begriffen wie „psychopathische Minderwertigkeiten" (Koch 1891) und angeborene psychopathische Degenerationen. Kraepelin zählte zu den „psychopathischen Persönlichkeiten" in den ersten Auflagen seines Lehrbuchs kurz vor 1900 u. a. die „geborenen Kriminellen, die Haltlosen, die pathologischen Lügner und Schwindler und die Pseudoquerulanten". Die konstitutionstheoretische Persönlichkeitslehre in Kretschmer's „Körperbau und Charakter" 1921 fußte auf der hippokratischen Lehre von den vier Temperamenten mit dem Versuch, Zusammenhänge von Konstitution, Körperbau, Temperament und Krankheitsdisposition zu typisieren.

Es war dann Kurt Schneider (1923, 1950), der bewußt eine „unsystematische" Auflistung abnormer Persönlichkeiten vornahm und immer wieder betont hat, daß kein Anlaß besteht, „sie auf Krankheiten oder Mißbildungen zurückzuführen“. Seiner Definition: „Psychopathische Persönlichkeiten sind solche abnormen Persönlichkeiten, die an ihrer Abnormität leiden oder unter deren Abnormität die Gesellschaft leidet“ fügte er hinzu: „Diese Abgrenzung geschieht nicht aus wissenschaftlichen, sondern aus praktischen Gründen, und sie ist willkürlich“ (K. Schneider 1923, S. 16).

Neuere Klassifikationsversuche

DSM III/IV

Im „Diagnostic and Statistical Manual of Mental Disorders“ (DSM III 1980, DSM IV 1994) wurde der Psychopathiebegriff definitiv durch den Begriff der Persönlichkeitsstörung (personality disorder) ersetzt. Persönlichkeitsstörungen werden in einer multiaxialen Beurteilung zusammen mit spezifischen Entwicklungsstörungen auf der Achse II codiert, während die psychischen Störungen im engeren Sinne als klinisches Syndrom auf der Achse I erfaßt werden. (Achse III für körperliche Störungen, Achse IV für Schwere der psychosozialen Belastungsfaktoren, Achse V für höchstes Niveau der sozialen Anpassung im letzten Jahr).

Die „interpersonelle Theorie der Psychiatrie“ von H.S. Sullivan (1953) hat offensichtlich diese Klassifikation, die die Begriffe Psychose, Neurose und Psychopathie entbehrlich zu machen versucht, wesentlich mitbestimmt. Es mehren sich die Stimmen, die Persönlichkeitsstörungen als „komplexe Störungen der zwischenmenschlichen Interaktion“ zu interpretieren (Übersicht bei P. Fiedler, 1994). Und es besteht die Tendenz, Diagnosekriterien mit persönlichkeitstypischen Interaktionsmerkmalen zu verknüpfen.

Zur Diagnose von Persönlichkeitsstörungen führt das DSM III folgendes aus: „Persönlichkeitszüge sind überdauernde Muster der Wahrnehmung, des Beziehungsstiles und des Denkens hinsichtlich der Umwelt und sich selbst. Sie kommen in einem breiten Spektrum von wichtigen sozialen und persönlichen Situationen und zusammenhängend zum Ausdruck. Nur wenn *Persönlichkeitszüge* unflexibel und schlecht angepaßt sind, sowie entweder wesentliche Beeinträchtigungen der sozialen und berufliche Leistungen oder subjektive Beschwerden verursachen, stellen sich Persönlichkeitsstörungen dar. Persönlichkeitsstörungen sind im allgemeinen bereits im Adoleszentenalter oder früher zu erkennen und setzen sich während des größten Teils des Erwachsenenlebens fort, obgleich sie im mittleren oder höheren Lebensalter oft weniger auffällig werden". Es wird betont, daß charakteristische Merkmale verschiedener Persönlichkeitsstörungen im Rahmen einer anderen psychischen Störung, z. B. einer Depression beobachtet werden können. „Die Diagnose Persönlichkeitsstörung sollte jedoch nur gestellt werden, wenn die charakteristischen Merkmale typisch für die überdauernden Verhaltensweisen des Betroffenen sind und nicht auf begrenzte Krankheitsepisoden beschränkt bleiben".

Die internationale Klassifikation psychischer Störungen ICD 10

Die ICD 10 handelt die Persönlichkeitsstörungen unter F60 ab, die so definiert werden: „Diese Störungen umfassen tief verwurzelte, anhaltende Verhaltensmuster, die sich in starren Reaktionen auf unterschiedliche persönliche und soziale Lebenslagen zeigen. Dabei findet man gegenüber der Mehrheit der betreffenden Bevölkerung deutliche Abweichungen im Wahrnehmen, Denken, Fühlen und in Beziehungen zu anderen. Solche Verhaltensmuster sind meistens stabil und beziehen sich auf vielfältige Bereiche von Verhalten und psychischen Funktionen. Häufig gehen sie mit persönlichem Leiden und gestörter sozialer Funktionsfähigkeit einher ... Persönlichkeitsstörungen beginnen in der Kindheit oder Adoleszenz und dauern im Erwachsenenalter an. Sie beruhen nicht auf einer anderen psychischen Störung oder einer Hirnerkrankung, obwohl sie anderen Störungen voraus- und mit ihnen einhergehen können ..." „Persönlichkeitsstörungen werden anhand von Merkmalsgruppen, die den häufigsten und auffälligsten Verhaltensmuster entsprechen, unterteilt. Die so beschriebenen Subtypen werden als Hauptformen der Persönlichkeitsabweichungen angesehen ... Die Einschätzung muß auf möglichst vielen Informationen beruhen. Auch wenn ein Persönlichkeitsbild manchmal durch ein einziges Interview deutlich wird, müssen oft mehr als ein Interview durchgeführt und fremdanamnestische Angaben eingeholt werden".

Bemerkenswert an dieser Neuordnung in ICD 10 ist, daß einige Persönlichkeitsstörungen ausgegliedert und bestimmten Krankheitsgruppen zugeordnet werden. So wird die zyklothyme Persönlichkeitsstörung als Zyklothymia und die depressive Persönlichkeit (Depressive Neurose) als Dysthymia in die affektiven Erkrankungen in F3 eingereiht. Die schizotype Störung wird dem schizophrenen Formenkreis in F2 zugerechnet. Andererseits öffnet sich die Kategorie F6 „Persönlichkeits- und Verhaltensstörungen" für verschiedene psychodynamisch interessante Störungsbilder, z. B.

die erworbenen Persönlichkeitsveränderungen (nach Extrem-Belastungen wie KZ), die abnormen Gewohnheiten und Störungen der Impulskontrolle, die Störungen der Geschlechtsidentität, der Sexualpräferenz und der sexuellen Orientierung.

Vorkommen

In der Mannheimer epidemiologischen Studie von Schepank et al. (1987) wurden in einer Stichprobe von 600 Probanden verschiedene Persönlichkeitsstrukturen festgestellt. Dabei handelt es sich um Persönlichkeitsmerkmale, nicht primär um Persönlichkeitsstörungen.

Schizoide Persönlichkeit	7,2%
Depressive Persönlichkeit	37,3%
Zwanghafte Persönlichkeit	20,3%
Hysterische Persönlichkeit	12,3%
Ausbalancierte Mischstrukturen	18,3%
nicht einzuordnen	4,6%

Bekanntlich stellen in der Mannheimer Stichprobe 26 Prozent „Fälle" dar, d. h. manifest Kranke mit Neurosen und Persönlichkeitsstörungen. Schepank et al. fanden in 7,2% behandlungsbedürftige Psychoneurosen, in 5,7% Persönlichkeitsstörungen, 1,33% Alkoholismus, in 11,7% psychosomatische Störungen. Depressiv strukturierte Menschen leiden gehäuft unter Psychoneurosen und psychosomatischen Erkrankungen.

In der psychiatrischen bzw. psychotherapeutischen Praxis treffen wir in ganz unterschiedlichem Kontext auf das Phänomen der Persönlichkeitsstörung:

a) als krankheitsunabhängiges Persönlichkeitsmerkmal,
b) als krankheitsbegleitendes Persönlichkeitsmerkmal,
c) als Moderator Variable, das heißt ein die akute psychische Erkrankung mitbestimmendes Persönlichkeitsmerkmal,
d) als prämorbider Faktor der dem Krankheitsausbruch vorausgeht und Intensität und Ausgang der psychischen Erkrankung beeinflußt,
e) als Persönlichkeitsakzentuierung oder sogar Persönlichkeitswandel nach überstandener psychiatrischer Erkrankung.

Derzeit ist es allenfalls in der Einzelfallanalyse möglich, die Persönlichkeitsstörung als vorauslaufendes, begleitendes oder als Residuum persistierendes Merkmal einzuschätzen.

Disposition und Genetik

Es waren gerade analytisch orientierte Autoren, die die Genetik von Persönlichkeitsstörungen näher untersucht haben. In ihrem zweibändigen Werk „Ursprünge seelisch bedingter Krankheiten" haben Schepank und Heigl-Evers (1980) zusammen mit anderen Autoren wie Dührssen und Schwidder anhand von Zwillingsstudien seit 1958 diese Thematik untersucht, Neben der Psychogenese seelisch bedingter Krankheiten ging es den Autoren auch um den Einfluß von Erbe und Umwelt bei der Entstehung neurotischer Erkrankungen. Hierzu wurden die Daten von zwei analytisch orientierten Einrichtungen (das Niedersächsische Landeskrankenhaus Tiefenbrunn und das Zentralinstitut für psychogene Erkrankungen der AOK Berlin) über neurotische Zwillingsprobanden – insgesamt 109 Zwillingspaare, ausgewertet. Untersuchungsinstrument war ein analytisches Interview.

Schon frühere Zwillingsstudien hatten ergeben, daß die Konkordanz für Persönlichkeitsfaktoren wie Antrieb, Temperament und Grundstimmung bei zweieiigen Zwillingen um 50 Prozent lag, bei eineiigen Zwillingen jedoch bei 90 Prozent). Schepank (1994) hat nochmals zusammenfassend zur Erbe-Umwelt-Frage bei psychogenen Erkrankungen Stellung bezogen. Unter dem Titel „Gen oder Psychogen" kommt er in seiner Studie über 36 eineiige und 64 zweieiige Zwillinge – jeweils hatte ein Index-Zwilling eine der genannten psychotherapeutischen Einrichtungen aufgesucht – zum Ergebnis einer hochsignifikanten Konkordanzrate der (lebenslang und kumulativ) erfaßten psychogenen Krankheitsmanifestationen von 31,4 Prozent bei eineiigen Zwillingen gegenüber 16,5 Prozent bei zweieiigen Zwillingen.

Bezogen auf die drei großen psychogenen Krankheitsgruppen zeigen sich folgende Konkordanzraten (Schepank, 1994):

	eineiige Zwillinge	zweieiige Zwillinge
organneurotische Symptome	24,8%	19,7%
psychoneurotische Symptome	34,1%	21,3%
charakterneurotische Symptome	50,7%	11,5%

Das heißt: Der deutlichste Einfluß von Erbanlagen findet sich bei den Charakterneurosen und Persönlichkeitsstörungen. Diese hereditäre Anlage nimmt auch mit zunehmendem Lebensalter unter den im Laufe des Lebens einwirkenden Umwelteinflüssen keineswegs ab.

Genetische Determinanten finden sich auch in Untergruppen wie Alkoholismus, männliche Neigung zu Homosexualität und Anorexia nervosa. Natürlich gilt die Konkordanz auch für normale Persönlichkeitszüge wie Berufs- und Freizeitaktivitäten, soziale Einstellung etc. – auch bei getrennt aufgewachsenen eineiigen Zwillingen. Schepank modifiziert seine Ausgangsfrage „Gen oder psychogen?“ so, daß er das Oder durch ein Und ersetzt: „Gen *und* Psychogen; Erbe *und* Umwelt“. Im Grunde findet sich dieser Ansatz schon bei Freud, der für die Entstehung der neurotischen Erkrankung die Faktoren Disposition, konstitutionelle Anlage und infantiles Erleben als entscheidend ansah („Über neurotische Erkrankungstypen“ Freud, 1913).

Entwicklungsfaktoren

Allgemeines

Während Charakter, psychische Struktur oder Persönlichkeitszüge neutrale Begriffe in der Beschreibung menschlicher Eigenarten sind, umfasst der Begriff der Persönlichkeitsstörung psychopathologische Auffälligkeiten, nämlich Konflikte, emotionale und kognitive Defizite, fehlende Bewältigungsstrategien, Fehlverhalten etc. Die Persönlichkeitsstörungen äußern sich u. a. in

- ich-dystonen Symptombildungen als Ergebnis internalisierten konflikthaften Erlebens.
- ich-syntonen, aber destruktiv ablaufenden Konflikten mit dem sozialen Umfeld, die sich zur sozialen Inkompetenz oder zum dissozialen Verhalten auswachsen können.
- emotionaler Instabilität mit Störungen der Impulskontrolle
- kognitiver Diskriminationsschwäche

Schließlich werden Störungen der Persönlichkeitsorganisation erst im therapeutischen Umgang mit dem Patienten deutlich, so z. B. durch Widerstand, fehlende Introspektionsfähigkeit und bestimmte Abwehrmechanismen wie Spaltung, Verleugnung und Projektion.

Versucht man, gestörte Persönlichkeitentwicklungen retrospektiv zu erfassen, stößt man auf ein Bedingungsgefüge ineinandergreifender Faktoren wie Anlage, Milieu, interpersonelle Kompetenz, Abwehrmechanismen und Bewältigungsstrategien, die teils protektiv, teils defizitär sein können. Hierbei kann man theoretisch zwischen endogenen und exogenen Faktoren unterscheiden. Endogene Faktoren wären zunächst die genetischen Gegebenheiten, Konstitution und Disposition, die die Entwicklung von Bewältigungsstrategien und Reaktionsbereitschaften mitbestimmen; darüber hinaus der Reifungs- und Entwicklungsprozeß selbst, der erst aus dem Zusammenspiel dieser Faktoren resultiert.

Exogene Faktoren werden im soziobiologischen, psychodynamischen und interaktionellen Umfeld wirksam. Im dem Defizitmodell, das Zusammenhänge zwischen psychopathologischen Phänomenen und ihren Ursachen herzustellen versucht, sind das Trauma, die Deprivation, die gestörte interpersonelle Interaktion, insbesondere die gestörte Mutter-Kind-Interaktion, und Milieuschädigungen, die man auch als chronifizierte Mikrotraumatisierung umschreiben kann, zu nennen. Es ist klar, daß bei der Betonung psychopathologischer Phänomene die protektiven und förderlichen Faktoren eigentlich vernachlässigt werden, die in jedem Menschenleben von großer Bedeutung sind.

So überraschend klar sich der genetische Aspekt darstellt, so vage bleiben unsere Vorstellungen über die frühen Anfänge und das Bedingungsgefüge in der Entstehung von Persönlichkeitsstörungen. Auch im Kindesalter sind schon „psychopathische Konstitutionen“ als scheinbar festgelegte und ins Erwachsenenalter hineinreichende Anlagen beschrieben worden: die Nervösen, Ängstlichen, Willensschwachen, Haltlosen, Gemütlosen, Gemütsarmen, Reizbaren, Disharmonischen, Sensitiven etc.

Darüber hinaus gibt es in Kindheit und Jugend eine Vielzahl von Störungen des Verhaltens, der Emotionalität und der psychosomatischen Befindlichkeit. Bestimmte Störungsmuster, vor allem hirnorganische Defizite, cerebrale Dysfunktionen, Teilleistungsstörungen oder psychotische Entwicklungen setzen sich oft ins Erwachsenenalter fort. Aber viele für das Kinder- und Jugendalter typische Befindlichkeits- und Verhaltensstörungen zeigen auch einen günstigen Spontanverlauf. Die Reversibilität von Störungen deutet an, daß in den frühen Jahren auch protektive Faktoren und Bewältigungsstrategien wirksam werden, die Korrekturen von Fehlverhalten und Persönlichkeitsauffälligkeiten möglich machen.

Psychoanalytische Ansätze

Die Psychoanalyse hat sich seit jeher mit pathogenetischen Erklärungen und vor allem mit der Therapie von Persönlichkeitsstörungen schwergetan. Die Annahme einer „Frühen Störung“, retrospektiv aus der Analyse von Erwachsenen gewonnen, blieb oft zu spekulativ, wie ja die zum Teil zu revidierenden Interpretationen der frühen Kindheit gezeigt haben. Dennoch bleibt die frühe, strukturelle Ich-Störung (Fürstenau, 1977) Mittelpunkt vieler Erklärungsansätze für pathologische Persönlichkeitsmerkmale, wie die narzißtische oder schizoide Struktur, das Borderline-Syndrom, die Dissozialität oder die Suchtentwicklung.

Ein weiterer Erklärungsansatz war, Psychoneurosen mit ihrer ichdystonen Symptomatik von Persönlichkeitsstörungen mit ihrer ich-syntonen Charakterbildung zu unterscheiden. Freud hat sich nur sporadisch zum Thema Charakter und Charakterbildung geäußert, so z. B. in dem kurzen Aufsatz „Über libidinöse Typen“ von 1931. Freud unterscheidet hier drei libidinöse Haupttypen: den erotischen Typus, den Zwangstypus und den narzißtischen Typus. „Die reinen Typen mit dem unbestrittenen Übergewicht einer einzelnen seelischen Instanz, scheinen die größere Aussicht zu haben, als reine Charakterbilder aufzutreten“. Im übrigen warnt Freud davor, diesen „Typen“ Krankheitswert beizumessen.

In: „Die Disposition zur Zwangsneurose“ (1913) schreibt Freud „Auf dem Gebiete der Charakterentwicklung müssen wir denselben Triebkräften begegnen, deren Spiel wir in den Neurosen aufgedeckt haben. Eine scharfe theoretische Scheidung der beiden wird aber durch den einen Umstand geboten, daß beim Charakter wegfällt, was dem Neurosenmechanismus eigentümlich ist, das Mißglücken der Verdrängung und die Wiederkehr des Verdrängten. Bei der Charakterbildung tritt die Verdrängung entweder nicht in Aktion oder sie erreicht glatt ihr Ziel, das Verdrängte durch Reaktionsbildungen und Sublimierungen zu ersetzen. Darum sind die Prozesse der Charakterbildung undurchsichtiger und der Analyse unzugänglicher als die neurotischen“ (Freud 1913).

In der Psychoanalyse waren es gerade Charaktereigenarten, die als Interaktionsmuster, z. B. als Widerstand, in der Therapie in Erscheinung traten und Erklärungen herausforderten (z. B. „Charakterpanzer“). K. Abraham (1925) hat, ausgehend von Freuds Bemerkungen über „Charakter und Analerotik“ (1908), Charakterstörungen im Rahmen der frühen Ich-Entwicklung beschrieben. Später wurde versucht, den neurotischen Charakter als symptomlose Neurose von den Symptomneurosen abzugrenzen. Bekanntlich hat Freud die Therapierbarkeit der Neurose von der Übertragungsfähigkeit des Patienten abhängig gemacht. Bei den „narzißtischen Neurosen“ fand er einen unüberwindbaren Widerstand. „Wir dürfen höchstens einen neugierigen Blick über die narzißtische Mauer werfen um zu erspähen, was jenseits derselben vor sich geht“ (Freud, Vorlesungen 1916). Es war seine Überzeugung, daß bei diesen Störungen, die heute zu den Persönlichkeitsstörungen gerechnet werden, der Widerstand unüberwindbar und die Therapie vergeblich sei. Dennoch blieb Freud von den narzißtischen Neurosen fasziniert, weil er sie mit der Paranoia und der Dementia präcox verwandt sah und pathogenetische Zusammenhänge vermutete.

Die Deprivation

Frühkindliche Deprivationssyndrome wurden bei Verlust der mütterlichliebenden Bezugsperson, aber auch bei emotionaler Vernachlässigung z. B. im Rahmen eines Hospitalismus beschrieben. Bekannt sind die Studien von Spitz (1967) über die anaklitische Depression bei Kindern, die nach dem Verlust der Mutter im Heim oder in der Klinik einen weiteren Entzug affektiver Zuwendung erlitten. Es gibt genügend Einzelfallstudien und Erfahrungen bei dissozialen Jugendlichen und Erwachsenen, die belegen, daß frühkindliche emotionale und soziale Vernachlässigung zu pathologischen Persönlichkeitsentwicklungen führt (Übersicht s. Rauchfleisch, 1981). Der Psychoanalytiker und Erzieher Aichhorn hat 1925 seine Vorlesungen über „Verwahrloste Jugend – Jugendliche in Fürsorgeerziehung“, veröffentlicht. Delinquenz und Verwahrlosung erklärt Aichhorn aus dem Stehenbleiben der Persönlichkeitsentwicklung aufgrund fehlender Beziehungen und früh erlittener Trennungen. Auch Verwahrlosung ist ja ein Persönlichkeitsmerkmal, das mit Weglaufen, früher Delinquenz, Dissozialität und sozialem Abstieg ein charakteristisches Syndrom bildet. Das Vorwort zu Aichhorns Monographie schrieb übrigens Freud, der dort die Bemerkung über die „drei unmöglichen Berufe“ machte: Das Erziehen, das Kurieren und das Regieren.

1985 erregte die Studie von Ernst und v. Luckner „Stellt die Frühkindheit die Weichen?“ einiges Aufsehen. In ihr wurden die Folgen der frühen Deprivation relativiert und die Bedeutung positiver, peristatisch fördernder Faktoren für die weitere Kompensation früher Verluste hervorgehoben wurden.

Dem „Umweltmodell“ (nach dem der Säugling völlig auf die Qualität der Interaktion mit einer konstanten und einfühlenden Bezugsperson angewiesen ist), stellte Ernst (1993) das „Reifungsmodell“ gegenüber, das davon ausgeht, das früheste Kindesalter sei im psychischen Bereich gegen dauernde negative Folgen von Umwelteinflüssen abgesichert. Frühere psychoanalytische Studien von Spitz, Bowlby, Goldfarb u. a. wurden als methodisch unzulänglich bezeichnet. Diese „Revision der Traumatheorie“ (Ernst 1991) haben Tress und Reister zu einer heftigen Entgegnung veranlaßt. Tress selbst hatte 1986 in seiner Monographie: „Das Rätsel der seelischen Gesundheit“ die „positive stabile Bezugsperson in der frühen Kindheit“ als Kompensationsmöglichkeit für frühkindliche Entbehrungen und als Schutz vor psychogenen Erkrankungen herausgestellt.

Nissen hat 1988 einen Überblick über die frühen Deprivationssyndrome anhand älterer und neuerer Verlaufsstudien gegeben. Danach sind die zweifellos zurecht beschriebenen Deprivationsschäden nicht einfach zu verallgemeinern. Die Verbesserung der individuellen Situation von Heimkindern hat deren Entwicklungsmöglichkeiten deutlich verbessern können, so daß die gesetzmäßige Schädlichkeit früher Mutter-Kind-Deprivation bezweifelt wird. Nissen: „Es gehört zum kinderpsychiatrischen Allgemeinwissen, daß es Kinder gibt, die sich trotz hochgradiger Deprivation später ungestört entwickelten und ein harmonisches Leben führen. Für die Prognose ist es wesentlich, nicht nur Stärke und Dauer der einwirkenden Noxen zu messen, sondern auch die individuell protektiven Mechanismen abzuschätzen und zu berücksichtigen. Ein Kind mit schwachen protektiven Potenzen erweist sich gegenüber relativ schwachen peristatischen Störfaktoren als vulnerabel, während sich Kinder mit hoher primärer Vitalität auch schweren und permanenten Umweltstörungen gegenüber als resistent erweisen“.

Die Bedeutung der Mutter-Kind-Beziehung kann nach Esser et al. (1993) auch positiv formuliert werden: „Die Qualität der frühen Mutter-Kind-Interaktion erwies sich als genauso guter Prädiktor für die kognitive Entwicklung des Kindes wie Maße aus frühen Entwicklungs-Tests“. Verhaltensauffälligkeiten konnten durch die Mutter-Kind-Interaktion besser vorausgesagt werden als durch frühe Temperamentsauffälligkeiten. Entsprechend waren Störungen der Interaktion mit späteren kognitiven Defiziten und vermehrten Verhaltensauffälligkeiten assoziiert. Weil es schwierig ist, aus Meßgrößen des Säuglingsalters die weitere Entwicklung vorauszusagen, kommt also doch der frühen Mutter-Kind-Interaktion als direktem

Verhaltensparameter eine bedeutende Rolle zu, was ja Frau Papoušek deutlich gemacht hat.

Zum Begriff der Frühen Störung

S.O. Hoffmann hat 1986 einen präzisen und kritischen Überblick über „die sogenannte frühe Störung“ gegeben. Diese einerseits sehr gängige, andererseits unscharf definierte Frühe Störung* umschreibt nach Hoffmann folgende Problematik:

- Sie entstammt eher dyadischen als triadischen Störungsfeldern.
- Bei ihrer Entstehung spielen eher Schädigungen und reale Überforderungen des Kleinkindes eine Rolle als innere Konflikte.
- Klinisch äußert sich die Frühe Störung als emotionale Defizienzen, Fehlhaltungen, Störungen des Selbstbildes und der Identität, Charakterverzerrungen und Beziehungsstörungen.
- Die Therapierbarkeit der Frühen Störung ist schwieriger als die der Psychoneurosen.
- Die Frühe Störung hat mehr mit prägenitalen als mit ödipalen Stadien zu tun.

Die Frühe Störung scheint vor allem für den Bereich der Persönlichkeitsstörungen, die Dissozialität, das Borderline-Syndrom, maligne verlaufende Neurosen und Süchte typisch zu sein. Beim früh gestörten Patienten geht es nach Fürstenau (1977) nicht um eine Dysfunktion von Ich-Leistungen, sondern um die Verfügbarkeit (Disponibilität) von Ich-Funktionen überhaupt. Der strukturell Ich-Gestörte hat Ausfälle und Defizite. Während das Problem des Neurotikers in der Beziehung liegt, sei das Problem des Frühgestörten die Beziehung selbst.

Balint (1968) hat allerdings gewarnt: „Die Tendenz des Vordatierens ist in der analytischen Theorie recht verbreitet. Sobald eine Annahme mit den klinischen Beobachtungen unvereinbar ist, wird sie nicht etwa als unhaltbar fallengelassen oder wenigstens weiteren Untersuchungen unterzogen, sondern sie wird vordatiert, das heißt auf immer frühere Phasen der Entwicklung bezogen, bis man bei so frühen Zuständen anlangt, daß sie sich jeglicher klinischer Beobachtung entziehen“ (Balint 1968, S. 74).

---

* Frühe Störung: vom mir gewählte Schreibweise, um die begriffliche Eigenständigkeit hervorzuheben

Balint verdanken wir wiederum den Begriff der Grund-Störung (Basic Fault, 1968, S. 33). Balint meint, den Ursprung der Grundstörung bis in die frühen Entwicklungsphasen des Individuums zurückverfolgen zu können, wo eine Diskrepanz zwischen seinem bio-physischen Bedürfnissen, der materiellen Versorgung und der psychischen Zuwendung entsteht. Die Folgen seien nur noch zum Teil reversibel. Genauer sagt Balint hierzu: „Diese Diskrepanz kann auf kongenitalen Ursachen beruhen, das heißt die bio-physischen Bedürfnisse des Säuglings waren einfach unerfüllbar ... ; sie kann auch milieubedingt sein, wenn etwa die Versorgung des Säuglings mangelhaft, nachlässig, unregelmäßig, überfürsorglich, übermäßig beschützend, grob, starr, sehr inkonsequent, übermäßig stimulierend oder verständnislos und gleichgültig war" ... Das heißt, nicht der Mangel oder die Traumatisierung schlechthin sind für Spätfolgen verantwortlich, sondern, so Balint: „Meine Beschreibung läßt erkennen, daß ich das Hauptgewicht auf den Mangel an ›Zu-einander-Passen‹ von Kind und jenen Personen lege, aus denen seine Umwelt sich zusammensetzt".

S.O. Hoffmann hat in seinem Exkurs über die Frühe Störung die Gedanken Anna Freuds aufgegriffen, die zwei Typen von Pathologie voneinander abgegrenzt hat: die neurotische Pathologie und die Entwicklungspathologie. Entwicklungspathologie führt nicht zur neurotischen Symptombildung, sondern zu Defekten in der Persönlichkeitsstruktur und zu einem gestörten Gleichgewicht in der Entfaltung. In ihrem Buch „Wege und Irrwege in der Kinderentwicklung" (1965/68) geht sie ausführlich auf die Ich-Funktionen, die Abwehrmechanismen, die quasi physiologischen Regressionen und die Entwicklungsstränge ein, die sie „Psychische Entwicklungslinien" nennt. Zu den Ich-Funktionen zählt sie Gedächtnis, Realitätsprüfung, Unterscheidung von Primär- und Sekundärvorgängen und vor allem die „synthetische Funktion des Ichs". Die Abwehrmechanismen des Ichs müssen altersgemäß, zielgerichtet sein und danach beurteilt werden, ob sie gelingen oder mißlingen. Zwischen den Entwicklungsvorgängen und den Abwehrvorgängen besteht kein innerer Widerspruch: „Im Gegenteil, die Organisation der Abwehrvorgänge ist selbst ein wichtiger und unentbehrlicher Bestandteil der Ich-Entwicklung". Die gesunde Entwicklung ist durch eine Mischwirkung von Reifung, Strukturalisierung und Anpassung gekennzeichnet. Die Disharmonie in den Entwicklungslinien entsteht aus der fehlenden Balance zwischen Trieb und Ich-Entwicklung („vorzeitige Ich-Entwicklung führt zu inneren Konflikten und damit zur Neurose; vorzeitige Trieb-Entwicklung zu Defekten und triebhaften Charakterbildung". A. Freud, 1968, S. 119) oder auch aus

Mißverhältnissen zwischen den einzelnen Entwicklungslinien. Regressionen sind eigentlich harmlos „oder sogar wünschenswert, solange sie als Erscheinungen vorübergehend sind". Regressionen wirken pathogen, wenn ihre Folgen andauern und die von ihnen angerichtete Schädigung zu Neuordnungen innerhalb der Persönlichkeit zwingt. Die Frage ist, ob die Folgen der Triebregression ich-gerecht bleiben, denn „der Preis für die Neuordnung ist eine Schädigung der Gesamtpersönlichkeit in der Richtung zum Infantilismus, zur Dissozialität und zur Triebhaftigkeit" (A. Freud, 1968, S. 121).

Ich streife nur kurz die in den letzten Jahren ausführlich dargestellte Borderline- und Narzißmus-Debatte. Hier fehlt der Raum, auf die psychoanalytischen Konstrukte der Borderline-Persönlichkeitsstörung (Kernberg 1980, 1988) bzw. des Borderline-Syndroms (Rohde-Dachser, 1989 und der narzißtischen Neurosen im Sinne von Kohut (1973) näher einzugehen. Hier einzubeziehen ist auch die psychoanalytische Objektbeziehungstheorie im Rahmen einer psychoanalytischen Entwicklungspsychologie von R. und G. Blanck (1989). Kritisches zu dem ausufernden Narzißmus-Konzept wurde immer wieder geäußert (s. Balint (1968) und Zepf und Nitzschke (1985)).

Kernberg hat sich ausführlich mit dem DSM III auseinandergesetzt und auf eine Klassifizierung der Charakterpathologie auf psychoanalytischer und psychostruktureller Basis bestanden (Kernberg 1988, S. 116ff.). So fruchtbar Kernbergs Ansatz zur Diagnostik und Therapie der Borderline-Störungen und des pathologischen Narzißmus sind, bleibt auch er im Begriffsdschungel der späten psychoanalytischen Schulen verstrickt. Was Kernberg zu Kohuts Narzißmus-Theorie gesagt hat, kann wohl verallgemeinert werden: „Kohut hat auf die innere Konsistenz seiner theoretischen Konzeptionen und seines klinischen Vorgehens hingewiesen ... Ich meine zwar auch, daß Kohuts Denken konsistent ist, denke aber, daß es falsch ist" (Kernberg 1988, S. 273).

Die kontroverse Diskussion über frühkindliche Traumatisierungen in der Entwicklung von Persönlichkeitsstörungen kann hier nur angerissen werden. Es ist bemerkenswert, daß gerade in den Darstellungen von Rohde-Dachser und Kernberg Festlegungen zur Frühgenese der im Erwachsenenalter manifest werdenden Persönlichkeitsstörung fehlen bzw. vage bleiben. Der in den letzten Jahren breit diskutierte sexuelle Mißbrauch hat keine klare Zuordnung von Art und Zeitpunkt der Traumatisierung zu bestimmten psychopathologischen Syndromen ermöglicht. Sachsse (1995) hat bei Patientinnen mit selbstverletzendem Verhalten unter dem Bild einer Borderline-Persönlichkeitsstörung die Bedeutung schwerer Realtraumata in der Kindheit hervorgehoben, die in Form von Deprivation, Mißhandlung, Elternteilverlust, sexuellem Mißbrauch und Inzest gefunden wurden. Die Rekonstruktion der frühen Kindheit von Borderline-Patienten ergibt nicht selten derartige gravierende frühkindliche Prägungen. Fraglich bleibt aber, ob das erlittene Realtrauma die conditio sine qua non zur Entwicklung einer Borderline-Persönlichkeitsstörung oder einer anderen Störung ist. In der Diskussion muß bedacht werden, daß das reale Trauma ja auch Ausdruck und Teil der meist fortbestehenden innerfamiliären Beziehungsstörungen ist.

Folgerungen

1. In der wünschenswerten multiaxialen Diagnostik stellt die Persönlichkeitsstörung eine bedeutsame Zweitdiagnose oder Hintergrundsvariable dar. Richter et al. (1993) haben den Zusammenhang zwischen Persönlichkeit und affektiven Erkrankungen bei unipolar depressiven und bipolar manisch-depressiven Patienten untersucht. Kröber (1993) fand bei bipolaren Patienten im Intervall eine Häufung von narzißtischen, histrionischen und Borderline-Persönlichkeitszügen. Er vermutet, daß ein Schwerpunkt der Persönlichkeitsstörungen bipolarer Patienten im emotional instabilen (Borderline) Spektrum liegt und ein weiterer Schwerpunkt im bipolar schizoaffektiven Spektrum. Tölle et al. (1987) beschrieben bei Melancholie-Kranken mindestens sechs verschiedene Persönlichkeitsstörungen. Hingegen wurde von den Autoren die strikte Korrelation des Typus Melancholicus zur endogenen Depression relativiert. Tölle et al. fordern daher „mehrgliedrige Diagnosen“, weil eine eindimensionale Diagnostik die auf die individuelle Persönlichkeit auszurichtende differenzierte Therapie vielleicht vernachlässigt. Offensichtlich ist die Kenntnis prämorbider Persönlichkeitsmerkmale bei psychischen Erkrankungen für die Beurteilung der Verlaufsprognose, des Erkrankungsrisikos sowie die Wahl therapeutischer Interventionen wichtig. Es geht u. a. um die Überlegung, ob eine prämorbide Persönlichkeitsstörung die akute affektive Erkrankung modifiziert oder induziert, oder ob die psychische Erkrankung zu einem sekundären Persönlichkeitswandel im Sinne einer Reaktionsbildung führt. Diese Fragen sind für die Verlaufsforschung der endogenen Psychosen von großer Bedeutung.

Persönlichkeitsvariable dürften auch bei psychosomatischen Erkrankungen bedeutsam sein, denkt man z. B. an Faktoren wie Körperschemastörungen, Eßstörungen, Alexithymie, Anhedonie etc. Das Konstrukt der Alexithymie scheint auch kein bevorzugtes Merkmal psychosomatisch Kranker zu sein. Auch endogen Depressive zeigen sowohl im Alltag wie auch in psychometrischen Beurteilungen ein verarmtes Phantasieleben und eine Unfähigkeit in der Erfahrbarkeit und Kommunikation von Affekten. Dieses Merkmal könnte z. B. bei der Chronifizierung der depressiven Erkrankung eine Rolle spielen (Heerlein et al. 1989).

2. Fiedler hat 1994 ein in seiner Materialfülle und inhaltlichen Dichte bewundernswertes Buch über Persönlichkeitsstörungen vorgelegt. Im Epilog verweist er auf eine Liste mit 207 Persönlichkeitsstörungen, von denen er 165 aufgegriffen und z.T. ausführlich behandelt hat. Der Autor betont, daß aus Grundstörungen und Risikomerkmalen einer Person erwachsende sekundäre Eigenarten, die diese Betroffenen entwickeln, um ihre spezifische Vulnerabilität zu schützen, interpersoneller Natur sind. An den zwischenmenschlichen Bewertungs- und Ausgrenzungsprozessen sind sowohl die Betroffenen als auch die Interaktionspartner beteiligt (Fiedler, S. 501). Würde der Beobachter und Therapeut auf seine Klassifikationsbedürfnisse negativ dimensionierter Persönlichkeitsmerkmale verzichten, könnte er sich besser der Analyse der zwischenmenschlichen Beziehungsstörungen und Reaktionsbildungen bei seinem Patienten zuwenden. „Unter einer solchen Perspektivenänderung könnte sich herausstellen, daß das, was wie eine Persönlichkeitsstörung aussieht, möglicherweise eine hohe Überlebenskompetenz darstellt. Denn nur eine konsequente Kontext- oder Interaktionsanalyse kann die Fehleinschätzung verhindern helfen, es handle sich solitär um ein persönlichkeitsbedingtes Problem der im Blickfeld stehenden Personen“ (Fiedler 1995, S. 503). Fiedler zieht als Beispiel die prämorbide Konstellation des Typus melancholicus (Tellenbach 1961) heran, bei dem es beim Ausbruch der affektiven Erkrankung aus dem Zustand der „Normalität“ heraus zum Zusammenbruch der persönlichkeitstypischen Abwehrstruktur kommt. Während das prämorbide Rollenverhalten ich-synton gelebt wird, kommt es in einer interpersonellen Krisensituation zum Ausbruch der Depression.

3. Fiedler beantwortet die Frage, welche der unterschiedlichen Theorieperspektiven die Persönlichkeitsstörungen am besten versteht, mit: „Keine“, wobei im wesentlichen fünf Ansätze untersucht wurden: der psychodynamisch-psychoanalytische, der interpersonell-soziodynamische, der verhaltenstheoretisch-behaviorale, der verhaltenstheoretisch-ko-

gnitive und der biologisch-genetische Ansatz. Der Autor beklagt die ungünstige wissenschaftliche Stagnation wegen der unsinnigen Konkurrenz und Abgrenzung zwischen den Denktraditionen (S. 509) und fordert eine Entwicklungspsychologie der Persönlichkeitsstörungen. „Die gegenwärtigen Klassifikationssystematiken sind im Bereich der Persönlichkeitsstörungen . . . als antiquierte Diagnostik im Wandel und im Übergang zu betrachten“ (Fiedler 1995, S. 514).

Literatur

Abraham, K. (1925) Psychoanalytische Studien zur Charakterbildung. Psychoanalytische Studien, Band I. Fischer: Frankfurt (1969)

Aichhorn, A. (1925) Verwahrloste Jugend. Die Psychoanalyse in der Fürsorgeerziehung, 10. Aufl. Huber: Bern Stuttgart Toronto (1987)

Balint, M. (1970) Therapeutische Aspekte der Regression – Die Theorie der Grundstörung. Rowohlt: Hamburg (1973)

Blanck, R. und Blanck, G. (1989) Jenseits der Ich-Psychologie. Klett-Cotta: Stuttgart

de Boor, G.W. (1991) Sozialer Infantilismus – Ursachen der Kriminalität. Verl. Dt. Polizeiliteratur: Hilden

DSM III (1984) (Diagnostisches und statisches Manual psychischer Störungen). Hsg. K. Koehler und H. Saß. Beltz: Weinheim und Basel

Ernst, C. (1993) Frühe Lebensbedingungen und spätere psychische Störungen. Nervenarzt 64: 553–561

Ernst, C. (1990) Revision der Traumatheorie. Prax. Psychother. Psychosom. 35: 177–189

Ernst, C. und v. Luckner, N. (1985) Stellt die Frühkindheit die Weichen? – Eine Kritik an der Lehre von der schicksalshaften Bedeutung erster Erlebnisse. Enke: Stuttgart

Esser, G., Dinter, R., Jörg, M., Rose, F., Villalba, P., Laucht, M. umd Schmidt, M.H. (1993) Bedeutung der Determinanten der frühen Mutter-Kind-Beziehung. Z. Psychosom. Med. 39: 246–264

Fiedler, P. (1994) Persönlichkeitsstörungen, 2. Auflage 1995. Psychologie Verlags Union: Weinheim

Freud, S. (1908) Charakter und Analerotik, Studienausgabe Band VII, S. 23–30. Fischer: Frankfurt (1982)

Freud, S. (1912) Über neurotische Erkrankungstypen, Studienausgabe Band VI, 215–226 (1982)

Freud, S. (1913) Die Disposition zur Zwangsneurose, Band VII, 105–118 (1982)

Freud, S. (1917) Vorlesungen zur Einführung in die Psychoanalyse, 26. Vorlesung: Die Libidotheorie und der Narzißmus, Studienausgabe Band V, S. 398–414

Freud, S. (1931) Über libidinöse Typen, 267–272, Studienausgabe Band V (1982)

Freud, A. (1968) Wege und Irrwege in der Kindentwicklung. Huber-Klett: Bern Stuttgart

Freud, A. (1978) Die Hauptaufgabe der Kinderanalyse. In: Die Schriften der Anna Freud, Band 10, S. 2719–2732. Kindler: München (1980)

Fürstenau, P. (1977) Die beiden Dimensionen des psychoanalytischen Umgangs mit strukturell-ich-gestörten Patienten. Psyche 31: 197–207

Heerlein, A., Lauer, G. und Richter, P. (1989) Alexithymie und Affektaussprache bei endogener und nicht endogener Depression. Nervenarzt 60: 220–225

Hoffmann, S.O. (1986) Die sogenannte frühe Störung. Prax. Psychother. Psychosom. 31: 179–190

ICD-10 (Internationale Klassifikation psychischer Störungen der Weltgesundheitsorganisation) (1991), Kapitel V. Huber: Bern Göttingen Toronto

Kernberg, O.F. (1978) Borderline-Störungen und pathologischer Narzißmus. Suhrkamp: Frankfurt

Kernberg, O.F. (1988) Schwere Persönlichkeitsstörungen. Klett-Cotta: Stuttgart

Koch, J.L.A. (1981) Die psychopathischen Minderwertigkeiten, Band 1–3. Maier: Ravensburg

Koelle, R., Peikert, A. und Rieke, A. (1987) Persönlichkeitsstörungen bei Melancholiekranken. Nervenarzt 58: 227–236

Kohut, H. (1971) Narzißmus. Suhrkamp: Frankfurt (1973)

Kretzschmer, E. (1921) Körperbau und Charakter – Untersuchungen zum Konstitutionsproblem und zur Lehre von den Temperamenten. Springer: Berlin (1929)

Kröber, H.-L. (1993) Bipolare Patienten im Intervall. Persönlichkeitsstörungen und Persönlichkeitswandel. Nervenarzt 64: 318–321

Morel, B.A. (1857) Traité des degénérescences physiques, intellectuelles et morales de l'espèce humaine Paris. Bailline

Nissen, G. (1988) Frühe Deprivationssyndrome. In: Kisker et al. (Hg) Psychiatrie der Gegenwart, Band 7, Kinder- und Jugendpsychiatrie, S. 29–56. Springer: Berlin Heidelberg New York London Paris Tokio

Rauchfleisch, U. (1981) Dissozial. Vandenhoeck & Ruprecht: Göttingen

Richter, R., Diebold, K. und Schützwohl, M. (1993) Zur Persönlichkeit unipolar depressiver und bipolar manisch-depressiver Patienten. Nervenarzt 64: 572–577

Rohde-Dachser, C.H. (1979) Das Borderline-Syndrom, 4. Auflage. Huber: Berlin Stuttgart Toronto (1989)

Sachsse, U. (1995) Die Psychodynamik der Borderline-Persönlichkeitsstörung als Traumafolge. Forum Psychoanal. 11: 50–61

Schepank, H. (1987) Psychogene Erkrankungen der Stadtbevölkerung. Eine epidemiologisch-tiefenpsychologische Feldstudie in Mannheim. Springer: Berlin Heidelberg New York London Paris Tokio

Schepank, H. (1994) Gen oder Psychogen. Z. Psychosom. Med. 40: 11–24

Schneider, K. (1923) Die psychopathischen Persönlichkeiten. In: Aschaffenburg, G. (Hg) Handbuch der Psychiatrie. Deuticke: Leipzig Wien

Schneider, K. (1950) Klinische Psychopathologie. Thieme: Stuttgart

Spitz, R.A. (1945) Die Entstehung der ersten Objektbeziehungen. Klett: Stuttgart (1973)

Sullivan, H.S. (1953) Die interpersonelle Theorie der Psychiatrie. Fischer: Frankfurt (1980)

Tellenbach, H. (1961) Melancholie. Springer: Berlin Göttingen Heidelberg
Tress, W. (1986) Das Rätsel der seelischen Gesundheit – Traumatische Kindheit und früher Schutz gegen psychogene Störungen. Vandenhoeck & Ruprecht: Göttingen
Tress, W. und Reister, G. (1990) Zur traumatischen Chimäre des unempfindlichen Kleinkindes. Prax. Psychother. Psychosom. 35: 190–201
Zepf, S. und Nitzschke, B. (1985) Einige kritische Bemerkungen zum Narzißmus-Konzept von Otto Kernberg. Psyche 39: 865–876

Psychische Entwicklung und Psychose

Gunther Klosinski

Einleitung

Pioniere der Psychiatrie, wie Emil Kraepelin (1893) und Eugen Bleuler (1912, 1969), haben versucht, Ordnung in das Chaos psychotischer Störungen zu bringen mit dem Versuch, Entitäten mit einheitlichen Ursachen, einheitlichem Erscheinungsbild und ähnlichem Verlauf abzugrenzen. Zweifel am Konzept der Krankheitseinheiten bei der Schizophrenie gab es seitdem immer wieder: so hat Janzarik (1978, 1983) aus seiner strukturdynamischen Sicht dieses Konzept wiederholt kritisiert und selbst Manfred Bleuler, Sohn des Begründers des Schizophreniebegriffs (Bleuler, 1984) sprach sich gegen eine solche Krankheitseinheit aus. Luc Ciompi (1984) formulierte geradezu häretisch: „Gibt es überhaupt eine Schizophrenie?" Er kann diese provokative Frage stellen, weil seine mit Christian Müller (Ciompi, Müller 1976) publizierte Studie zum Langzeitverlauf der Schizophrenien deutlich machte, daß es einen einheitlichen Verlauf bei dieser Erkrankung nicht gibt, daß eine chronische Entwicklung in erster Linie als eine Art von psychosozialem Artefakt verstanden werden muß. Lempp (1984) sprach in Anlehnung an Koukkou und Lehmann (1980) von der Schizophrenie als einer funktionellen Regression im Sinne einer bereitliegenden Reaktionsweise. Seiner Meinung nach ist jeder Mensch grundsätzlich schizophreniefähig, nicht weil er davon befallen werden könne, sondern weil er von vornherein die Fähigkeit zu schizophrenem Denken und Erleben in sich trage. Lempp (1984) argumentiert, jeder Mensch sei so strukturiert, daß er auch schizophren zu denken und zu erleben vermöge, weil er schon in seiner Kindheit und weil er jede Nacht im Traume so gedacht und erlebt habe bzw. noch denke und erlebe.

Während die Psychoanalyse eine gestörte Mutter-Kind-Interaktion seit langem als eigentliches psychotisches Agens postuliert, hat erst insbesondere Lempp (1984, 1992) neuere entwicklungspsychologische und -pathologische Erkenntnisse mit herangezogen, um eine umfassendere Schizophrenietheorie aufzustellen. Diese Entwicklung erfolgte bereits vor 10 Jahren. Mittlerweile ist es zu einem Brückenschlag zwischen psychiatrischen, psychoanalytischen und entwicklungspsychologischen Gedankengängen in bezug auf die Genese schizophrener Entwicklungen gekommen. Wir müssen Abschied nehmen von der Vorstellung, daß es die schizophrenogene Mutter oder den Schizokokkus gibt oder die spezifische Hirnstörung, die pathognomonisch wäre.

Im folgenden sollen entwicklungspsychologische und -pathologische Aspekte, die Lempp (1984, 1992) für seine Theorie der Schizophrenieentwicklung herausgearbeitet hat, nachgezeichnet werden, sowie die wesentlichen Aspekte der psychoanalytischen Schulen von Margret Mahler (1985), Melanie Klein (1962) und Winnicott (1952). Ich werde kurz auch auf das Dreiphasenmodell Ciompis zum Langzeitverlauf psychotischer Phänomene eingehen, da er in besonderer Weise systemische Ansätze mit psychoanalytischen und neurobiologischen verbindet. In einem eigenen Beitrag möchte ich auf die nicht selten in der Pubertät einmalig auftretenden psychotischen Phänomene eingehen, die aber keineswegs in eine schizophrene Entwicklung einmünden müssen.

Entwicklungspsychologische und -pathologische Aspekte

Für Lempp ist die Frage nach Entwicklung, Aufbau und Struktur eines Realitätsbezuges von zentraler Bedeutung in der Schizophrenieforschung. Während Piaget (1975) den kognitiven Aspekt beim Aufbau des kindlichen Weltbildes in den Vordergrund rückte, hat Oerter (1984) die Bedeutung der Emotionen als eine wesentliche Komponente des Gegenstandsbezuges herausgearbeitet. Lempp (1984) bezieht sich in seiner Theorie vornehmlich auf Oerter (1984), der drei verschiedene Beziehungsformen zum Gegenstand beim Kind unterschied:

a) die Beziehung zu Gegenständen mit subjektiver Valenz (auf der Ebene der Ungeschiedenheit von Subjekt und Objekt ist – so Oerter – die Valenz des Gegenstandes ausschließlich seine Verfügbarkeit, sein Nutzen, sein Effekt für das Subjekt selbst),
b) die objektive Valenz (sie ist unabhängig vom Subjekt und seinen augenblicklichen Gefühlen, Bedürfnissen und Vorlieben. Diese objektive Valenz erhält der Gegenstand durch die Funktion, die ihm von Kultur und Gesellschaft zugedacht sind), und
c) die abstrakte Valenz.

Für Lempp (1984) ist die von Oerter (1984) beschriebene subjektive Valenz in den Beziehungen zu den Objekten gleichbedeutend mit dem, was Emil Bleuler (1912) das „autistische Denken“ bezeichnet hat. Logisches Denken, so Lempp, entspräche dann in Beziehungen zu den Gegenständen objektiver Valenz. Koukkou und Lehmann (1980) haben mit ihrem „Zustands-Wechsel-Modell“ ein Hirnfunktionsmodell vorgestellt, das die Traumbildung durch psychophysiologische Mechanismen erklärt, ohne spezielle Traumprozesse zu postulieren. Im Gedächtnis, so die Autoren, seien auch die Denkstrategien, die etwa in der Kindheit gespeichert wurden, fixiert und im jeweils entsprechend funktionellen Zustand, also etwa im Traum, abrufbar. Im Schlaf fluktuiere der Erwachsene zwischen verschiedenen funktionellen Zuständen, die Ähnlichkeiten mit wachen funktionellen Zuständen der Kindheit haben. Der Erwachsene könne somit im Schlaf auch Denkstrategien früherer Entwicklungsstufen benutzen. Die Autoren sprachen dabei von funktioneller Regression. Lempp (1984, 1992) leitet daraus ab, daß alogisches, magisch-mystisches Denken, wie es im Traum vorherrscht, bei den Kindern in der Vorschulphase anzutreffen ist, grundsätzlich auch bei den Erwachsenen noch möglich ist, wenn auch nur im Traum oder in besonderen Situationen. Der Erwachsene lebe in einer Hauptrealität, während das Kind in der Spielphase und in der magisch-mystischen Phase doch sehr in einer Nebenrealität verhaftet sei und erst langsam die Hauptrealität, d. h., den Bezug zur Erwachsenenwirklichkeit, aufbaute. Für den Aufbau eines Realitätsbezuges, so Lempp (1984), spiele aber wohl die Fähigkeit eine besondere Rolle, zwischen den Wertigkeiten der kognitiv und emotional erfahrenen und fixierten Informationen zu unterscheiden, d. h., für das Kind zu unterscheiden zwischen Haupt- und Nebenrealität, zwischen der Gegenstandsbeziehung subjektiver und objektiver Valenz. Dies entspräche wohl weitgehend dem, was Conrad (1966) bei Wahnkranken die Fähigkeit bzw. die fehlende Fähigkeit zum „Überstieg“ bezeichnet hat. Für Lempp (1984) ist die Schizophrenie eine Realitätsbezugsstörung: der Überstieg von der kindlichen Nebenrealität in die erwachsene Hauptrealität gelinge nicht mehr. Der Aufbau des Realitätsbezuges hänge – so Lempp (1984) – im wesentlichen von drei Faktoren ab:

1. *Von der kognitiven Potenz*, die Umweltreize differenziert und sicher aufzunehmen, zu analysieren und zu speichern, d. h., von einem funktionstüchtigen sensorischen Aufnahmeapparat. Der Begriff der Teilleistungsstörungen sei weitgehendst identisch mit den Basisstörungen Schizophrener.

2. *Von der Umweltinformation*: der Aufbau des Realitätsbezuges sei vor allem dadurch bestimmt, welche Informationen das Kind in den entscheidenden ersten Lebensjahren von seiner Umwelt erfährt, insbesondere, ob diese Informationen hinreichend konstant und redundant sind, um ein sich durch Wiederholung immer wieder bestätigendes Bild von der Umwelt zu bekommen.
3. *Von den affektiven Bindungen*: die emotionale Beziehung des Kindes zu seiner unmittelbaren Umwelt in den ersten Lebensjahren sei wahrscheinlich die Voraussetzung dafür, daß das Kind sich auch in seinen Nebenrealitäten hinreichend sicher fühlt.

Lempp (1984) verweist auf den Ansatz von Ciompi (1982), der kognitive Entwicklungen in Verbindung mit der affektiven Entwicklung sieht und zur „Affektlogik" verbindet. Logischerweise sei damit die Störung des Aufbaues eines Realitätsbezuges durch folgende Faktoren bestimmt:

a) durch eine erbliche Belastung, die wahrscheinlich mit einer Vererbung von Teilleistungsstörungen oder Basisstörungen gleichzusetzen sei,
b) durch Faktoren, welche erworbene Teilleistungsstörungen hervorrufen können, insbesondere Störungen der frühen Gehirnentwicklung während der Schwangerschaft, Geburt und Nachgeburtszeit, die zu einer minimalen cerebralen Dysfunktion oder zu einer leichtgradigen frühkindlichen Hirnschädigung führen,
c) durch negative familiäre und soziale Umweltfaktoren, welche die Stabilität und Gleichmäßigkeit der Umweltinformation ernstlich beeinträchtigen können, hierzu würden auch die Familienbeziehungsstörungen im Sinne von Bateson u. a. (1969) gehören.

Lempp (1984) kommt zum Schluß: „Daraus kann die Feststellung abgeleitet werden, daß kein Grund vorliegt, anzunehmen, die Schizophrenie müsse eine gewissermaßen von außen an den Menschen herangetragene Krankheit sein, welche eine grundsätzliche Änderung der Gehirnfunktionen zur Folge habe. Es ist vielmehr die Feststellung begründet, daß jeder Mensch grundsätzlich schizophreniefähig ist, nicht weil er davon befallen werden kann, sondern weil er von vornherein die Fähigkeit zu schizophrenem Denken und Erleben in sich trägt. Er ist von vornherein so strukturiert, daß er auch schizophren zu denken und zu erleben vermag, weil er schon in seiner Kindheit und weil er jede Nacht im Traum so gedacht und erlebt hat, bzw. noch denkt und erlebt."

Für Lempp (1984, 1992) gibt es eine frühkindliche Psychoseform, den frühkindlichen Autismus, der durch kognitive Störungen bedingt sei. Die leichtere Form, der Aspergersche Typ des Autismus (autistische Psychopathie), neige in der Vorpubertät und Pubertät zu einer Dekompensation und zu einem Übergang in eine typische schizophrene Psychose. Es gebe demzufolge fließende Übergänge vom frühkindlichen Autismus zur Schizophrenie. Der Unterschied zwischen den später in eine schizophrene Symptomatik hineindekompensierenden Autisten vom Typ Asperger und einer schizophrenen Erkrankung liege darin, so Lempp (1984), daß bei den frühkindlichen Autisten der Aufbau des Realitätsbezuges primär und von vornherein, also von früher Kindheit an, gestört und unvollständig gewesen sei und ein normaler und stabiler Realitätsbezug nie aufgebaut habe werden können, wogegen bei den schizophrenen Erkrankungen zunächst – zumindest scheinbar – ein normaler Realitätsbezug aufgebaut worden sei und es erst zu einem späteren Zeitpunkt, in keinem Fall jedoch vor dem 7. Lebensjahr, zu einem sekundären Verlust des Realitätsbezuges, zunächst in Teilbereichen, kommen würde. Nach der Schizophrenietheorie von Lempp (1984) ist eine Psychose erst nach dem 7. Lebensjahr möglich, weil erst dann der Realitätsbezug soweit aufgebaut ist, daß er auch wieder verloren gehen kann. Hingegen sei bei dem autistischen Kind die kognitive Erfassung und die Differenzierung der Umwelt von vornherein mehr oder weniger stark gestört. In leichteren Fällen komme es beim Autismus unter starker rigider Einengung auf beschränkte Bereiche der gemeinsamen Realität zu einer starken Geltung der Nebenrealität, wobei dem Kind der Wechsel nur in einer beschränkten Zahl von Situationen ohne weiteres möglich sei. Die Anpassung an die Umwelt sei stark eingeschränkt.

Wenn Lempp (1984) postuliert, daß grundsätzlich jeder Mensch schizophreniefähig sei, so gilt dies meines Erachtens primär für die Psychosefähigkeit. Lempp (1984) vernachlässigt, daß es sich bei der Schizophrenie um eine Verlaufsdiagnose handelt und geht nicht darauf ein, daß psychotisches Erleben nicht eindeutig abzugrenzen ist von psychischen Ausnahmezuständen, die ein Großteil der Bevölkerung im Laufe ihres Lebens durchmacht: besonders in der Pubertät kommt es z. B. zu Depersonalisations- und Derealisationsphänomenen, zum Pubertätsoneiroid, zu außerordentlichen ungewöhnlichen „peak experiences“, die für die Jugendlichen eine völlig neue Qualität des Erlebens darstellen und sie mitunter überwältigen und aus der Alltags-Hauptrealität herausreißen in eine „Nebenrealität“. Das Wesentliche dabei ist, daß der Überstieg zurück in die Hauptrealität aber immer wieder stattfindet. Es soll an späterer Stelle noch näher hierauf eingegangen werden.

Psychoanalytische Theorien über die Psychose

Während Lempp (1984) eine schizophrene Erkrankung in der frühen Kindheit mit Ausnahme des frühkindlichen Autismus in Frage stellt, gibt es insbesondere im Bereich der französischen psychoanalytischen Richtung um Lebovici u. a. (1994), Lacan (1959) und Melanie Klein (1973) die Auffassung, daß es eine psychotische Erkrankung in der frühen Kindheit sehr wohl gibt. Auch das DSM-III der American Psychiatric Association von 1982 beschreibt eine perversive Störung der Entwicklung, bei der es sich nicht einfach um eine Entwicklungsverzögerung, sondern um eine qualitativ abnorme Entwicklung handelt, die den frühkindlichen Autismus, „atypische Kinder", symbiotisch-psychotische Kinder und die Kindheitsschizophrenie miteinschließt. Neben diesen pervasiven Störungen der Entwicklung in der *frühen Kindheit* gibt es noch die *pervasiven Entwicklungsstörungen der Kindheit*, Krankheitsbilder, die zwischen dem 30. Monat und dem 12. Lebensjahr entstehen, bei denen keine Halluzinationen, Denkstörungen oder Wahnerscheinungen nachzuweisen sind, die aber durch eine massive und anhaltende Beeinträchtigung der sozialen Beziehungsfähigkeit und mindestens drei der folgenden Punkte gekennzeichnet sind: plötzliche, übermäßige Angstattacken, eingeengte oder unangemessene Affekte, Widerstand gegen jegliche Veränderung in der Umgebung, auffällige Motorik, sprachliche Auffälligkeiten, Über- oder Unterempfindlichkeit für sensorische Reize und Automutilation. Unter pervasiv ist gemeint: die gesamte psychische Organisation durchdringend. Die Kernstörung liegt nach Margret Mahler (1972) in einem Defekt des Kindes, sich das mütterliche Prinzip nutzbar zu machen. Das Neugeborene kommt in der Regel mit einem Signalapparat zur Welt, der die Herbeirufung und Verwendung der Mutter ermöglicht. Laut Mahler (1972) ist der gegenseitige Austausch von Signalen zwischen Säugling und Mutter das wichtigste Requisit einer normalen Symbiose. Bei fehlendem oder inadäquatem frühem Austausch von emotionalen Signalen zwischen Säugling und Mutter wird die Entwicklung des libidinösen Potentials erschwert, diese des aggressiven erleichtert. Damit entsteht, nach Mahler (1972), schließlich eine maligne Transformation: wo zärtliche Gefühle mobilisiert werden, wird das Kind feindlich und angriffslustig. Die Kinder würden in Folge der unmöglichen Identifikation mit den psychischen Funktionen der Mutter ein Unvermögen in der Steuerung und Regulation von desorganisierten Affekten entwickeln und seien prädisponiert für heftigste Ängste. Sie würden Düsteres ohne Entlastung erleben und dabei ein Gefühl von Selbstkontinuität verlieren. Die primäre Unfähigkeit des psychotischen Kindes, die Mutter als katalysierendes Agens für die eigene Homöostase zu nutzen, sei entweder erblich-konstitutionell bedingt, d. h., angeboren (z. B. Defekte in der primären Wahrnehmungsfähigkeit, der Neutralisierung von Trieben, oder der Regulation organismischer Panik), oder sie werde im Sinne einer Ergänzungsreihe in den ersten extrauterinen Lebenstagen erworben. „Insoweit das psychotische Kind sich seine Mutter nicht in üblicher Weise nutzbar machen kann, muß es zu anderen Methoden Zuflucht nehmen, um am Leben zu bleiben" (Mahler, 1972). Während es beim autistischen Kind zu keiner nennenswerten Differenzierung zwischen einem Innen- und einem Außenraum komme, zwischen einem Selbst und einem Objekt, bleibe beim symbiotisch-psychotischen Kind hingegen ein Gewahrsein bestehen, das z. B. Hunger von innen, Befriedigung von außen komme. Laut Mahler (1972) besteht für ein symbiotisch-psychotisches Kind die Notwendigkeit einer organisierten Abwehr gegen Panik, Desintegration und Verwirrung. Sogenannte Erhaltungsmechanismen hierzu seien die Deanimation, die Devitalisierung, die Dedifferenzierung und die Triebentmischung. Diese Erhaltungsmechanismen dienten der Abwehr gegen archaische, undifferenzierte Objektbindungen. Bürgin (1984) führt hierzu näher aus: „Denn negativ-projektiv aufgeladene, chaotische Repränsentanzen des Partialobjektes ‚Mutter' müssen ferngehalten und mittels stürmischen, aggressiv-ausstoßenden Modalitäten unschädlich gemacht werden, damit das bißchen Differenzierung und Integration im Ich nicht zugleich wieder zerstört wird. Restitutive Ersatzbildungen lassen schließlich nur noch Bindungen zwischen Verschmelzungsprodukten von Teil-Selbst- und Teil-Objekt-Repräsentanzen zu. Solche verklumpte Teil-Objekt-Repräsentanzen ziehen nun alle libidinösen und aggressiven Impulse auf sich, werden mittels den Mechanismen der Devitalisierung und Deanimierung zum stereotyp gebrauchten ‚psychotischen Fetisch', einem psychotischen Äquivalent des Übergangsobjektes." Laut Bürgin (1984) dient der Aufbau pathologischer Strukturen dem Versuch, die Vernichtungsangst zu bannen. Die Reifung und Entwicklung der sogenannten primär-autonomen Ich-Funktionen werde, infolge der Interrelation von Ich-Entwicklung und Objektbeziehung, durch diese restitutiven Ersatzbildungen beeinträchtigt, zersetzt. Die Ich-Entwicklung laufe verzerrt ab. Der so dringend gesuchte Dialog werde zum aktiven Nichtdialog pervertiert.

Der Verlust der intrauterinen Geborgenheit und die Mangelausstattung des Säuglings machen die Mutter-Kind-Symbiose zu einer biologischen Notwendigkeit. Mahler (1972) postulierte daher die Hypothese der

Universalität des symbiotischen Ursprungs des Menschen. Der Symbiose, als vom Säugling erlebbare Phase, gehe allerdings die autistische, weitgehend objektlose Phase voraus. In dem monadischen System sei einzig das Körperinnere libidinös besetzt. Eine angeborene, autonome Wahrnehmungsfähigkeit des primitiven Ichs lasse die Ablagerung von reizbedingten Erinnerungsspuren zu. Spannungen und Reizüberflutungen könnten nur durch die Bemutterung erträglich gemacht und schließlich so konstruktiv verändert werden, daß es zwischen der 3. und 4. Lebenswoche zu einer Reifungskrise, „dem Bersten der autistischen Schale", komme. In der symbiotischen Phase verhalte sich das Kind so, als ob es selbst und seine Mutter ein omnipotentes System mit gemeinsamen Grenzen wäre, eine halluzinatorische somatopsychische Funktion mit der Mutter. Diese sei nun Partialobjekt, habe Schutzschildfunktion und stelle vor allem den „spiegelbildlichen Bezugsrahmen" dar, in dem sich erste Körper-Ich-Repräsentanzen durch Besetzungsverschiebungen von der Enterozeption auf Sensorioperzeption ergeben. Gerade hier liege nun die Kernstörung, die zur späteren Psychose führe. Mahler (1972) begründet dies in ihrer Haupthypothese, der Symbiosetheorie der Psychosen folgendermaßen: „Die symbiotische Beziehung ist bei der Psychose entweder ernsthaft gestört oder fehlt ganz. Die Kernstörung ist daher Defizienz, oder ein Defekt in der Nutzbarmachung des mütterlichen Partners durch das Kind während der symbiotischen Phase und seine daraus folgende Unfähigkeit, die Repräsentanz des mütterlichen Objekts zum Zweck der Polarisierung zu verinnerlichen. Kurzum, der Kern der kindlichen Psychose liegt in einer fehlerhaften oder mangelnden Individuation. Identitätsbildung setzt Strukturierung des Ichs und Neutralisierung der Triebe voraus. Die zur Individuation führenden Schritte werden durch Wahrnehmungsprozesse vermittelt, die sich um die Suche nach dem bedürfnisbefriedigenden Objekt drehen."

Bei Melanie Klein (1930) wird das Ich schon von Geburt an als ein Funktionsträger psychischer Aktivität angesehen, die Urphantasien seien an Partialobjekte gebunden, die mit den Eigenschaften „gut", „böse", oder besser gesagt, „angenehm – unangenehm" qualifiziert würden. Die Dialektik der guten und bösen Objekte und die Entwicklung vom Partialobjekt zum ganzen Objekt werden von Melanie Klein (1930) in Entwicklungsstadien – in Positionen – gefaßt. Positionen deshalb, weil es sich dabei um umschriebene Integrationsstufen von Objektbeziehungen, Ängsten und Abwehrhaltungen handelt, die fortbestehen und im Rahmen einer Regression wieder eingenommen werden können. Melanie Klein (1930) postuliert eine „frühe, paranoid-schizoide Position" (einen angeborenen frühkindlichen

Sadismus zur Welt, der sich von der Aktivität des Todestriebes herleite), die etwa im 4. Lebensmonat dann von der „depressiven" Position abgelöst werde. Die Angst der paranoid-schozoiden Position, nämlich verunsichert, zerstört, zerstückelt zu werden, mache der Angst Platz, der Mutter beraubt zu werden und sie zu verlieren. In ihr finde die Trennung zwischen Subjekt und Objekt statt, in der Gewißheit um die guten introjizierten Idealobjekte könne das Kind ganze Objekte (wie z. B. die Mutter) erfassen, die zugleich Quelle des Guten und des Bösen sei. Der Mutter gegenüber spiele sich nun ein ständiger Kampf zwischen Zerstörungstrieb und Wiedergutmachung ab; die depressive Angst des Kindes bestehe in der phantasierten Zerstörung des geliebten Objektes durch sadistische Triebregungen. In der Höchstblüte dieses Sadismus (die dem Ende der oralen Phase entspreche) könnten derart hohe Angstquanten freigesetzt werden, daß sämtliche Abwehrmechanismen versagen würden. Durch ein malignes Wechselspiel zwischen Projektion und Introjektion sehe sich das Ich zuletzt von einer Außenwelt des Schreckens bedroht, gleichzeitig aber auch von inneren bösen Objekten verfolgt. In dieser Situation schirme sich das Ich durch Absperrung von der Außenwelt mittels Flucht zum guten inneren Objekt ab; die Projektion werde aufgegeben, es komme zu einer Fragmentierung des Ichs und seiner Objekte. Die Beibehaltung dieses Abwehrmodus stelle den Fixierungspunkt für spätere Psychosen dar.

Laut Manzano et. al. (1983) führe die Zukunft psychotischer Kinder nur selten zu einer Schizophrenie. Defektzustände mit schwerer geistiger Retardierung (vor allem bei autistisch-psychotischen Kindern) oder die Entwicklung narzißtischer und schizoider Persönlichkeitsstörungen (vor allem bei Kindern mit symbiotisch-psychotischen Störungen) seien bedeutend häufiger.

Nach Stork (1994) legt die französische Kinder- und Jugendpsychiatrie (u. a. Lebovici, Diatkine et al, 1994) beim frühkindlichen Autismus und der kindlichen Psychose weniger Gewicht auf erbgenetische und hirnorganische Faktoren. Beide (frühkindlicher Autismus und kindliche Psychose) würden zwar gleichermaßen einer psychotischen Grundstruktur unterliegen, aber dafür von Anfang an verschiedene Bearbeitungsmechanismen aufweisen. Das Ergebnis – so Stork (1994) – seien entweder defizitäre Psychosen (bei uns eher als geistige Behinderung oder im besten Falle als Pseudodebilität bekannt) oder dysharmonische Psychosen. Die dysharmonischen Psychosen – auch Präpsychosen genannt (s. Diatkin: Psychiatrie de l'Enfant, 1970–1980) – würden Entwicklungsformen bezeichnen, bei denen, zumeist durch kognitive Prozesse, die Krudität der psychotischen Phantasmatisation und die Vorherrschaft des Primärprozesses auf umgrenzte Symptombildungen reduziert worden seien.

Ich habe es als sehr eindrücklich erlebt, wie in der Ost- und Westschweiz die Kinder- und Jugendpsychiatrievertreter unter dem gleichen klinischen Bild zwei völlig verschiedene Diagnosen stellten: die Befürworter der minimalen cerebralen Dysfunktionstheorie beschreiben Kinder mit Wahrnehmungsstörungen, Kontaktstörungen und zahlreichen Hirnfunktionsstörungen (Teilleistungsstörungen) als sogenannte IPOS-Kinder (Infantiles Psycho-Organisches-Syndrom), während die gleichen Kinder von Melanie Klein-Anhängern der französisch sprechenden Schweiz als präpsychotische und psychotische Kinder angesehen werden. So wird einerseits sadistisches Verhalten als mangelnde Empathie und Ausdruck einer Wahrnehmungsverzerrung gedeutet, andererseits als primitive Abwehrformation eines psychotischen Kindes!

Stork (1994) weist auf diese polare Sichtweise ebenfalls hin und zieht für sich den Schluß, daß z. B. in der Schizophrenie-Theorie Lempps Kenntnisse über Psychogenese und Psychodynamik keine gebührende Berücksichtigung finden würde. Weiter kommt er zum Schluß, daß es sich in der Gegenüberstellung der deutschen und französischen Kinderpsychiatrie in bezug auf die kindlichen Psychosen um zwei verschiedene Weltanschauungen von Menschen handelt. Stork (1994) negiert die Studien von Ciompi (1981, 1982, 1984) zur Schizophrenie, d. h. das von ihm entwickelte Modell der Affektlogik. Es soll im weiteren hierauf eingegangen werden.

Das Dreiphasenmodell einer Langzeitentwicklung psychotischer Phänome nach Luc Ciompi (1984)

Ciompi (1984) entwickelte ein Dreiphasenmodell in bezug auf die Langzeitentwicklung psychotischer Phänomene in Form einer prämorbiden ersten Vorphase, einer zweiten Phase, in der es zum akuten Auftreten produktiv-psychotischer Störungen, und 3. zu einer Modifizierung in Form von vorwiegend unproduktiv-negativen Zustandsbildern komme.

Die erste Phase beginne bereits mit dem progressiven Aufbau von sensorisch-motorischen und dann kognitiven, internalisierten Schemata entsprechend Piaget (1976) auf der Basis von angeborenen Reflexen von Geburt an. Die psychischen Strukturen und Entwicklung insgesamt könnten als Aufbau eines hierarchiesierten Gefüges von affektiv-kognitiven Bezugssystemen verstanden werden. Erste und fundamentale, aus Teilelementen allmählich zusammenwachsende solche Bezugssysteme beträfen namentlich die wichtigsten Bezugspersonen (meist Mutter) und, parallel dazu, das Kind selbst. Diese Bezugssysteme würden sich später zu konstanten „Selbst- und Objektrepräsentanzen“ im Sinne der modernen analytischen Ich-Psychologie ausbilden. Es werden Denk-, Fühl- und Verhaltensprogramme oder affektiv-kognitive Bezugssysteme aufgebaut in Form von typisch offenen, homöostatisch geregelten Systemen. Sie würden sich selbst in der Aktion äquilibrieren, d. h., im handelnden Erleben im Laufe der kindlichen Entwicklung Stufe um Stufe durch Assimilation und Akkommodation an die Außenwelt aufbauen und damit den so wichtigen Realitätsbezug herstellen. Die möglichen Störungen dieser Entwicklung seien vielfältig. Sie würden schließlich zu jener prämorbiden Vulnerabilität mit Beeinträchtigungen der Informationsverarbeitung führen, die heute von zahlreichen Autoren (Zubin, Spring 1977; Süllwold 1983; Ciompi 1981, 1982, 1983) als wichtigste Voraussetzung einer schizophrenen Psychose angesehen werden. Ein erster, nicht immer nachweisbarer Stellfaktor sei genetisch. Psychophysiologische Befunde, die vorwiegend aus den prospektiven sogenannten „High-Risk-Studien“ bei Kindern Schizophrener stammen (Mednick und Schulsinger et. al., 1978) sprächen dafür, daß es sich dabei um etwas recht Einfaches und Unspezifisches, so z. B. um eine durch Enzymdefekte verursachte neuronale Übererregbarkeit handeln könnte. Im gleichen Sinne müßten erworbene Hirnschäden von der Art des frühkindlich-psychoorganischen Syndroms wirken. Parallelen bestünden zwischen kognitiven Teilleistungsstörungen bei Kindern des MCD-Syndroms und bei erwachsenen Schizophrenen mit sogenannten Basisstörungen. Die prämorbide Vulnerabilität erscheine heute als Resultante des komplexen Wechselspiels zwischen dem biologischen Substrat und der gesamten einlaufenden Information im weitesten Sinne. Laut Ciompi (1984) kommen als konstituierende Elemente einer prämorbiden Informationsverarbeitungsstörung bei Schizophrenen vom biologischen bis zum psychosozialen Pol u. a. die folgenden, zum Teil voneinander abhängigen Faktoren in Betracht: genetisch bedingte Enzymdefekte, neuronale Übererregbarkeit, verminderte elektrophysiologisch-neuronale Habituation, prä- und perninatale cerebrale Schädigungen, prägende frühkindliche Störungen der Mutter-Kind-Beziehung, widersprüchliche und zweideutige familiäre Kommunikationsmuster, abnorme Familienkonstellationen, schicht-, zeit- oder situationsspezifische soziale und kulturelle Einflüsse.

In der Phase zwei, d. h., beim Auftreten von akuten produktiv-psychotischen Erscheinungen, komme es gemäß den Befunden der „life-events-Forschung" zumindest statistisch klar zu kritischen Überforderungssituationen eines vulnerablen Informationsverarbeitungssystems. Bevorzugt in Perioden und Situationen, die wichtige affektiv-kognitive Umstellungen und Neuanpassungen erfordern (Pubertät, Ablösung von den Eltern, Berufs- und Partnerwahl, Schwangerschaft und Geburt, Umzug, Krankheit, Stellen- oder Berufswechsel etc.), könne es bei Menschen mit der beschriebenen Verletzlichkeit überdurchschnittlich rasch zu einem fortwährenden Spannungsanstieg bis hin zum Umkippen in florid-psychotische Denk-, Fühl- und Verhaltensweisen kommen. Gewöhnliche Spannung, Angst, Irritation, Verwirrung und Ambivalenz können sich unter geeigneten Umständen offenbar praktisch bei Jedermann, allerdings mit individuell sehr verschiedenen Stellenwerten, bis zu Depersonalisations- und Derealisationsphänomenen und schließlich sogar bis zu wahnhaft und halluzinatorisch projektiven Erscheinungen steigern. Schizophreniegefährdete Menschen würden sich damit vom Durchschnitt in erster Linie durch eine abnorm geringe „Kanalkapazität" des informationsverarbeitenden Systems unterscheiden.

In der dritten Phase, der eigentlichen Chronifizierung, komme es zu fixierten Gegenregulationen überschießender Art: anstelle der ursprünglichen Aufregung, labilen Hyperemotivität und expansiven Hyperaktivität herrsche nun Gleichgültigkeit und Gefühlsverflachung, Rückzug in winzige, überschaubare Lebensbereiche, ängstliche Abwehr jeden Wechsels mehr und mehr vor. Dies könne als kompensatorische Vermeidungsstrategie gegen neuerliche Überforderungen aufgefaßt werden. Je harmonischer und besser angepaßt die Ausgangspersönlichkeit, je akuter der Beginn, je produktiver und spektakulärer das anfängliche klinische Bild und je phasischer der Verlaufstypus, desto besser war statistisch die langfristige Entwicklung in der Untersuchung von Ciompi und Müller (1976).

Bemerkungen zur psychotischen Erlebnisfähigkeit des Menschen

Wie bereits angemerkt, postuliert Lempp (1984) eine generelle Schizophreniebereitschaft jedes Menschen. Lempp (1984) differenziert hierbei nicht zwischen Psychose und Schizophrenie, letztere sollte nach Meinung des Schreibers lediglich als Verlaufsdiagnose gestellt werden. Psychotisches

Erleben hingegen ist experimentell durch längerfristige sensorielle Deprivation möglich (Bunker- und Samadhi-Tank-Experimente).

Bekannte Phänomene, die aber der einzelne bislang zum ersten Mal erlebt hat, können psychotische Qualität annehmen: z. B. Hochgefühle in der Pubertät, Peak-Experiences, erste sexuelle Erfahrungen, Meditationserlebnisse mit Derealisations- und Depersonalisationsphänomenen, Phänomene des Mental-Imagery (jegliches primärprozeßhaftes Denken wie z. B. bei der Oberstufe des Autogenen Trainings, beim Katathymen Bilderleben etc.) insbesondere im Rahmen von religiösen Erfahrungen kommt es zu außerordentlichen Erlebnissen mit Evidenzcharakter, die eine völlig neue Dimension erschließen. Eggers (1973) prägte den Begriff der Parapsychosen, die sich durch ihre Flüchtigkeit von der klassischen Schizophrenie unterscheiden.

Hypnagoge Halluzinationen und sogenannte „Klar-Träume" (der Träumende wird gewahr, daß er träumt kurz vor dem Aufwachen, der Traum läuft aber weiter, der Träumende registriert ihn, ist damit Beobachtender und Handelnder in einem!) werden von den Betreffenden unter Umständen als überwältigendes eigenartiges fremdes, ich-dystones Erlebnis wahrgenommen im Sinne einer „Verrücktheit" mit psychotischem Einschlag, ohne daß je eine schizophrene Entwicklung hieraus entsteht. Auch Phänomene der Hypnose und Trance können als Grenzbereiche zum Psychotischen erlebt werden. Lempp (1984) sprach davon, daß der Überstieg von der Nebenrealität in die Hauptrealität beim Psychotiker fehlt. Lediglich die künstlerischen Menschen hätten sich diese Fähigkeit bewahrt. Hierzu ist zu sagen, daß ein in der Vorpubertät sehr häufiges Tag-Träumen, ein Abtriften in Phantasiebereiche und kurzfristiges Abschalten, „Träumen", relativ häufig vorkommt, ohne daß hierbei der Ausstieg aus dieser Nebenrealität in die Hauptrealität gefährdet wäre. Der psychotische Mensch ist weitgehend gefangen in der Nebenrealität, kann nicht mehr aussteigen, während viele künstlerisch tätige Menschen und sensible Persönlichkeiten ein Eintauchen in die Bilderwelt ihrer Seele, in primärprozeßhaftes Denken durchaus willentlich herbeiführen können im Sinne eines Sich-verlierens, ähnlich wie ein Kind sich im Spiel verliert und Zeit und Raum vergißt. In psychischen Ausnahmesituationen kommt es dann wohl auch zu Phänomenen, die ganz ähnlich sind wie solche, die unter Halluzinogenen auftreten: Lebenspanoramaerlebnisse bei Menschen, die Todeserlebnisse hatten, sind ein Beispiel hierfür. Abschließend ist festzustellen, daß psychoseähnliches Erleben in einer ganzen Vielfalt auch im Alltagsleben vorkommt, daß viele Menschen diese Erlebnisse religiös

„verbrämt“ erleben oder als außersinnliche Wahrnehmungen im Sinne von Psi-Erlebnissen, da sie ihnen einfach nicht bekannt sind als Erlebnisbereiche, die auch zum Menschsein dazu gehören. Gerade die Phase der Pubertät und Adoleszenz ist eine Lebensspanne, in der solche kurzfristigen psychotischen Einbrüche gar nicht selten sind. Bei den Betreffenden, die sie erlebt haben, besteht jedoch häufig eine Scheu, hierüber zu erzählen, aus Angst, sie würden für verrückt erklärt werden, oder aus Sorge, sie könnten etwas sehr Persönliches, Mystisches oder Geheimnisvolles „verraten“.

Literatur

Bateson, G. et al. (1969) Auf dem Wege zu einer Schizophrenie-Theorie. In: Bateson, G., Jackson, D., Weakland, J.H., Wynne, L.C., Lidz, T. et al. (Hg.) Schizophrenie und Familie. Suhrkamp, Frankfurt/M., S. 11–43

Bleuler, E. (1912) Das autistische Denken. JB. psychoanalyt. psychopathol. Forsch. 4, 1–39

Bleuler, E. (1969) Lehrbuch der Psychiatrie, 11. Aufl., umgearbeitet von M. Bleuler. Springer, Berlin Heidelberg New York

Bleuler, M. /1984) Das alte und neue Bild des Schizophrenen. In: Referate der 160. Jahresversammlung der Schweizerischen Gesellschaft für Psychiatrie. Orell Füssli, Zürich, S. 143–149

Bürgin, D. (1984) Die Psychose: Eine pervasive Entwicklung? In: Lempp, R. (Hg.) Psychische Entwicklung und Schizophrenie. Huber, Bern Stuttgart Toronto, S. 105–115

Ciompi, L. (1981) Wie können wir die Schizophrenie besser behandeln? Eine Synthese neuer Krankheits- und Therapiekonzepte. Nervenarzt 52, 506–515

Ciompi, L. (1982) Affektlogik. Über die Struktur der Psyche und ihre Entwicklung. Ein Beitrag zur Schizophrenieforschung. Klett-Cotta, Stuttgart

Ciompi, L. (1984) Gibt es überhaupt eine Schizophrenie? Der Langzeitverlauf psychotischer Phänomene aus systemischer Sicht. In: Lempp, R. (Hg.) Psychische Entwicklung und Schizophrenie. Huber, Bern Stuttgart Toronto, S. 15–27

Ciompi, L. und Müller, C. (1976) Lebensweg und Alter der Schizophrenen. Eine katamnestische Langzeitstudie ins Senium. Springer, Berlin Heidelberg New York

Conrad, K. (1966) Die beginnende Schizophrenie. Thieme, Stuttgart

Diatkine, R. (1970–1980) Psychiatrie de l'Enfant

Eggers, C. (1973) Verlaufsweisen kindlicher und präpuberaler Schizophrenien. Monographien aus dem Gesamtgebiet der Psychiatrie, Bd. 9. Springer, Berlin Heidelberg New York

Janzarik, W. (1978) Wandlungen des Schizophreniebegriffes. Nervenarzt 49, 133–139

Janzarik, W. (1983) Basisstörungen. Eine Revision mit strukturdynamischen Mitteln. Nervenarzt 54, 122–130

Klein, M. (1930) Die Psychotherapie von Psychosen. In: Klein, M. Frühstadien des Ödipuskomplexes. Fischer, Frankfurt/M.

Klein, M. (1962) Das Seelenleben des Kleinkindes. Klett-Cotta, Stuttgart

Klein, M. (1973) Die Psychoanalyse des Kindes. Reihe Geist und Psyche, Bd. 2109. Kindler, München

Koukkou, M. und Lehmann, D. (1980) Psychopathologie des Träumens und der Neurosentherapie. Das Instands-Wechsel-Modell, eine Synopsis. Fortschr. neurol. psychiat. 48, 324–350

Kraepelin, E. (1983) Psychiatrie, 4. Aufl. Barth, Leipzig

Lacan, J. (1959) D'une question préliminaire à tout traitement de la psychose. La Psychoanalyse Bd. 4, 41–58

Lebovici, S., Diatkine, R. et Soule, M. (Hg.) (1994) Traité de psychiatre de l'Enfant et de l'Adolescent. P.U.F., Paris

Lempp, R. (1984) Die Schizophrenien als funktionelle Regressionen und Reaktionen. In: Lempp, R. Psychische Entwicklung und Schizophrenie. Huber, Bern Stuttgart Toronto, S. 167–222

Lempp, R. (1992) Vom Verlust der Fähigkeit, sich selbst zu betrachten. Eine entwicklungspsychologische Erklärung der Schizophrenie und des Autismus. Huber, Bern Göttingen Toronto

Mahler, M. (1972) Symbiose und Individuation. Klett, Stuttgart

Mahler, M. (1985) Kindliche Psychose und Schizophrenie: Autistische und symbiotische kindliche Psychosen. In: Mahler, M. Studien über die 3 ersten Lebensjahre. Klett-Cotta, Stuttgart

Manzano, J. et Palacio-Espasa, F. (1983) Etude sur la Psychose infantile. SIMEP, Bruxelles

Mednick, S.A., Schulsinger, R., Peasdale, T.W., Schulsinger, H., Venables, P.H. and Rock, D.R. (1978) Schizophrenia in high-risk children. Sex differences in predisposing factors. In: Serban, G. (ed.) Cognitive defects in the development of mental illness. Brunner & Mazel, New York

Oerter, R. (1984) Psychische Entwicklung als Realitätskonstruktion. In: Lempp, R. (Hg.) Psychische Entwicklung und Schizophrenie. Huber, Bern Stuttgart Toronto, S. 45–58,

Piaget, J. (1975) Der Aufbau der Wirklichkeit beim Kinde. Ges. Werke Bd. 2. Klett, Stuttgart

Piaget, J. (1976) Die Äquilibration der kognitiven Strukturen. Klett, Stuttgart

Stork, J. (1994) Über autistische und psychotische Kinder. Kinderanalyse 2, 127–137

Stork, J. (1994) Zur Entstehung der Psychosen im Kindesalter. Kinderanalyse 2, 208–248

Süllwold, L. (1983) Schizophrenie. Kohlhammer, Stuttgart

Winnicott, D.W. (1976) Psychosen und Kinderpflege (1952). In: Winnicott, D.W. Von der Kinderheilkunde zur Psychoanalyse. Kindler, München

Zubin, J. and Spring, B. (1977) Vulnerability – a new view on Schizophrenia. J. Abnormal Psychology 86, 103–126

Frühe Kindheit und Depression

Joachim Buchmüller

Im fünften Lebensmonat hat sich beim menschlichen Fetus das Gehör ausgebildet, und was das kleine Wesen von da an zu hören bekommt, wird sein ganzes Leben bestimmen. Die Stimme des Menschen scheint im Kontext seiner Individualität von besonderer Bedeutung zu sein. Kommt doch der Begriff der Person vom lat. personare, was wörtlich heißt „durchtönen, anklingen". Andererseits heißt Persona „die Maske". Das, was also durch die Mundöffnung der Maske oder des Gesichtes heraustönt, macht die Unverwechselbarkeit eines Menschen aus, nämlich seine Stimme.

Das Kind hört ab Ende des vierten Monats den Rhythmus des mütterlichen Herzens und ist, da sich ja auch das Gleichgewichtsorgan ausgebildet hat, um so mehr im Einklang oder im Gleichgewicht, je gleichmäßiger das mütterliche Herz schlägt. Es ist interessant zu wissen, daß alle Muskeln, die mit dem Sprechen und dem Gehör zu tun haben, entwicklungsgeschichtlich aus der Herzmuskulatur stammen. Günter Clauser beschreibt diese Zusammenhänge faszinierend in dem Buch „Die vorgeburtliche Entstehung der Sprache als anthropologisches Problem". In der intrauterinen Welt besteht eine reale Symbiose und schon hier beginnt die Kommunikation des Kindes mit seiner Umwelt, der Mutter, z. B. indem das Kind mit dem Fuß oder den Händen seine Umwelt „begreift".

Manche sprechen im Zusammenhang mit der Geburt von Geburtstrauma. Heidegger – selbst depressiv strukturiert – spricht in diesem Kontext von „Ins Dasein geworfen", von der Offenständigkeit des Seins und deutet damit die Ungeborgenheit an, welche nach der Geburt erfahrbar wird. Eine Kollegin unseres Seminars, Frau Berg, hat in einem Gedicht die schmerzliche Entbindung in Worte gefaßt:

Geboren – fast erfroren
in fremder Sprache geweint – einen anderen Hunger gemeint.
Schutz gesucht – Schmutz gefunden.
weitergewachsen und keinem vertraut
dem tödlichen Eros in die Augen geschaut.
Warteschleifen geflogen – Käfigstäbe verbogen
weitergewachsen und keinem vertraut

zornig Selbst-sein gewagt
in fremder Sprache geweint – einen anderen Hunger gemeint.

Neulich war eine ehemalige Patientin wieder bei mir zum Gespräch. Sie war vor vielen Jahren als Jugendliche zu mir gekommen, welche unter schweren Depressionen gelitten und in der Pubertät eine Magersucht, später eine Bulimie entwickelt hatte. Ihre Mutter war eine sehr bescheidene Frau, die im Schatten des politisch erfolgreichen Mannes stand, der aber für sie und ihre Kinder keine Verantwortung übernehmen konnte; statt dessen sich mit schönen Frauen umgab und sich im Glanze seines Ruhmes sonnte. Für mich war die junge Frau das „Mädchen ohne Hände", und ich erinnere mich, wie angespannt ich mich in den Therapiesitzungen mit ihr fühlte. Die motorische Gehemmtheit, die sich z. B. im Gesicht dieses Mädchens damals zeigte, war auffällig. Sie war unbeweglich, ängstlich, blaß und voller Mißtrauen, was oft in den flackernden dunklen schönen Augen sichtbar wurde. Die Atmung war kaum spürbar, so als ob sie die Luft anhielte.

Ich erinnere mich, wie sie damals in der Therapie immer wieder mit zaghafter schwacher Stimme sprach: „Ich wünsche mir so sehr eine Familie. Einen Partner und Kinder. Können Sie sich vorstellen, daß das für mich eines Tages möglich sein wird?" Einige Jahre später saß sie wieder vor mir. Sie hatte einen Partner, zwei gesunde Buben und war erneut schwanger. Sie hatte Angst. Angst, das Kind könnte mißgebildet sein, z. B. keine Hände haben. Ich sagte ihr: „Lassen sie sich doch beim Gynäkologen mal eine Sonographie machen". Sie kam strahlend mit dem Foto zurück: das Kind hat Finger. Es hat mich allerdings nicht verwundert, daß sie ihre Kinder per Kaiserschnitt bekam. Der Schmerz des Immer-wieder-im-eigenen-Körper-alleine-sein-müssens ist noch sehr groß. Beim Hinausgehen deutete sie mit einem Lächeln auf ihren hohen gewölbten Bauch und sagte: „So haben Sie mich nie gesehen, schauen Sie mal. Ich weiß, es ist ein Mädchen, und es klopft jetzt gegen meinen Bauch, es merkt, daß ich mit Ihnen über es spreche". Diese Frau hat sich besser begreifen gelernt. Sie hat gelernt und erfahren, daß sie in der therapeutischen Beziehung Gefühle mitteilen kann, auch intime.

Die Kommunikation in der Dyade ist offensichtlich von großer Bedeutung und spielt bei der Entwicklung einer Depression eine eminente Rolle. Mir fällt immer wieder auf, wie beim depressiven Patienten der Augen-Blick als Zeit und Beziehungsfaktor beeinträchtigt erscheint. Mir fallen viele depressive Menschen ein, die es beim Erstkontakt und auch noch später vermieden haben, mich anzuschauen. Der depressive Patient lebt ja nicht im Hier und Jetzt, vielmehr scheint er die Vergangenheit nicht loslassen zu können. Er hält sozusagen an der alten Luft fest, atmet kaum aus; das macht die Enge, die Angst, von der oft die Rede ist, aus. Die Problematik klingt im Alten Testament in der Geschichte der Zerstörung von Sodom und Gomorrha an. Die Stadt ist zerstört – Gott sagt: Schaut nicht zurück – die Zukunft liegt vor Euch. Lots Weib dreht sich um und erstarrt zur Salzsäule.

Die Unfähigkeit zur Kommunikation drückt sich auch in der eingeengten Modulation der Stimme aus. Die Stimme hebt und senkt sich nicht – sie ist monoton und linear – nicht schwingungsfähig. Es kommt nicht zu dem „interaktiven Tanz oder Rhythmus“ von dem Brazelton spricht. Wir wissen heute, daß Babys schon bald nach der Geburt die Botschaften der Mutter wahrnehmen können, ihren Gesichtsausdruck, ihre Stimme. So können sie schon früh die Stimme der Mutter von allen anderen Stimmen unterscheiden, auch ihren Geruch, auch den Geschmack der Muttermilch.

R. Spitz hat in seinen Untersuchungen an Kleinkindern und Säuglingen in Heimen festgestellt, daß für die affektiven Mangelerkrankungen, zu denen auch die Depression gehört, sowohl qualitative als auch quantitative Faktoren eine Rolle spielen. Das heißt: Anwesenheit der Mutter und die Qualität ihrer Zuwendung bzw. ihr Fehlen und die Vernachlässigung bzw. Unzuverlässigkeit. R. Spitz hat in seiner Untersuchung 123 Kleinkinder beobachtet, die durchschnittlich 12 bis 18 Monate in einem Säuglingsheim lebten. Im allgemeinen hatten die Säuglinge in den ersten sechs Monaten ihres Lebens gute Beziehungen zu ihren Pflegemüttern und entwickelten sich gut. In der zweiten Hälfte des ersten Jahres legten jedoch einige ein weinerliches Verhalten an den Tag. Schließlich wurde dieses Verhalten von einer Kontaktverweigerung abgelöst. Die Kinder lagen dann meist auf dem Bauch in ihren Bettchen, den Kopf weggewendet, und weigerten sich, an dem Leben ihrer Umwelt Anteil zu nehmen. Dieses Verhalten pflegte zwei bis drei Monate lang anzudauern. Manche Kinder verloren in dieser Zeit an Gewicht. Einige litten an Schlaflosigkeit. Alle zeigten eine wachsende Anfälligkeit für Erkältungen. Dieses Verhalten dauerte etwa drei Monate lang an und wurde immer schlimmer. Dann hörte die Weinerlichkeit auf, an ihre Stelle trat eine „gefrorene“ Starre des Gesichtsausdrucks. Nun lagen oder saßen diese Kinder mit weit geöffneten ausdruckslosen Augen mit erstarrten, unbeweglichem Gesicht da, wie in einer Betäubung. Offenbar sahen sie gar nicht, was um sie herum vor sich ging. Es wurde immer schwieriger, mit den Kindern, die dieses Stadium erreicht hatten, Kontakt aufzunehmen. Schließlich wurde es unmöglich, oder die Kontaktaufnahme löste nur noch Schreien aus.

Spitz teilte mit, daß von den 123 Kindern 19 diese deutlich ausgeprägten Symptome hatten und sprach von anaklitischer Depression. Manche Kinder entwickelten auch ein verzweifeltes Sich-anklammern an die Erwachsenen. Wenn ich diese Schilderung von Spitz höre, finde ich all diese Beobachtungen bei meinen depressiven Patienten in der einen oder anderen Form wieder – bis hin zu der Anklammerungstendenz im Psychischen. Am schlimmsten aber erscheint mir immer wieder die Gefühlsarmut – die sogenannte „Leere", von der viele sprechen. Hinter der „Leere" verbirgt sich oft die sogenannte narzißtische Störung. A. Miller spricht in ihrem Buch „Das Drama des begabten Kindes" von der „Isolierhaft des wahren Selbst im Gefängnis des falschen", die sie aber „nicht als Krankheit, sondern als Tragik verstanden wissen" wollte. Die Ursache sieht sie in der „Anpassung des Säuglings". Diese frühe Anpassung führe dazu, „daß die narzißtischen Bedürfnisse des Kindes nach Achtung, Echo, Verständnis, Teilnahme, Spiegelung ein ganz spezifisches Schicksal erfahren. Eine schwerwiegende Folge der Anpassung ist die Unmöglichkeit, bestimmte eigene Gefühle (wie z. B. Eifersucht, Neid, Zorn, Verlassenheit, Ohnmacht, Angst) in der Kindheit und dann im Erwachsenenalter bewußt zu erleben. Dies ist um so tragischer, als es sich hier im Menschen handelt, die sehr vital und zu differenzierten Gefühlen besonders befähigt sind". In der Regel aber durften diese depressiven Kinder Regungen wie Eifersucht, Zorn, Trotz, nicht „haben" und schon gar nicht ausleben.

In der Sage des Narkissos von Ovid wird erzählt, daß Narkissos sich in sein eigenes Spiegelbild verliebte, als er ins Wasser schaute. Er aber kann in diesem Bild nur seine Schönheit wahrnehmen, nämlich sein Idealbild. Die andere Seite seiner Existenz, seine Vergänglichkeit, seine Schwäche muß ausgeklammert bleiben, und so ist er dem Tod geweiht; er verwandelt sich in eine Blume – ein Symbol der Schönheit – und stirbt. In diesem Bild klingt auch an, daß der Depressive zum Augenblick sagen möchte: „Verweile doch, du bist so schön" – und geht dadurch der Gegenwart und der Begegnung verlustig; andererseits sitzt er damit einer Grandiosität auf, die wiederum die Kehrseite der Depressivität ist. Er lebt nach dem Motto: Alles oder Nichts. Ich kann allerdings nur wahrnehmen – wenn ich wahrgenommen wurde. Ich kann nur sehen – wenn ich gesehen wurde. Ich kann nur hören – wenn ich erhört wurde, wobei es zunächst nicht auf den logischen, sondern auf den emotionalen Transfer ankommt, um in die positive Gegenseitigkeit zu kommen, von der Stierlin spricht. Andererseits muß ich alles gehört haben, was ich sagen will – so wird es mir bewußt. Anfänglich geht es wohl um Gesichtsausdruck, um Töne, Stimmungen, Laute, welche man ja auch als „Vor-Worte" bezeichnen kann.

F. Dolto bemerkt in ihrem Buch „Alles ist Sprache", das Wichtigste sei, Kindern mit Worten zu helfen, und das bestehe dann darin, daß wir den Kindern unsere eigenen Gefühle mit wahren Worten sagen und nicht mit imaginären.

Das taktile Moment der Welterfassung ist wie die Bewegung – die e-motio, – dabei ebenso bedeutsam – denn all unsere Begriffe kommen aus der Erfahrung dessen, was wir mit den Händen er- und begreifen konnten, den Körper der Mutter, den eigenen Fuß, das Ohr des Vaters. Der große Logiker L. Wittgenstein, Verfasser des Tractatus logico philosophicus, meinte im Umgang mit Gefühlen sparsam sein zu müssen. Er sagt: „Es gibt allerdings Unaussprechliches". Dies *zeigt* sich, er ist das „Mystische" und „Wovon man nicht sprechen kann, darüber muß man schweigen". Ich nehme an, daß Wittgenstein möglicherweise nur sehr wenige befriedigende taktile Erfahrungen in seiner Kindheit hatte und sich dann zunehmend auch in seinem weiteren Leben auf das Denken zurückgezogen hat. Er, der in der Welt des Denkens kaum Grenzen kannte, hatte sie allerdings dann, wenn es um seine Gefühlswelt ging.

Mir scheint auch wichtig, nicht nur unsere wahren Gefühle zu zeigen, sondern auch unser wahres Gesicht, d. h. unser wahres Selbst. Vielleicht war Narkissos ein wenig angeödet von der Nymphe Echo, die immer nur wiederholte, was er sagte, während er etwas anderes hören wollte, nämlich eine Antwort. Darum habe er schließlich angefangen, sein eigenes Bild im Wasser zu bewundern.

Wir kommen immer wieder auf die Bedeutung der Gegenseitigkeit, des Fragens und Antwortens, und schließlich auch der Grenzziehung. Das heißt, es ist auch wichtig, dem Kind oder dem Patienten unsere eigenen Grenzen deutlich zu machen. Es entsteht auch gerade dadurch ein beziehungsmäßiger Kontext.

Mir fällt an dieser Stelle die Szene mit unserer damals eineinhalb Jahre alten Tochter ein, die sich, wenn ich mittags zum Essen heimkam, neben mich setzte und öfters an meiner Zeitung zerrte, hinter der ich für sie zu oft verschwunden sein muß, aber ich tauchte wohl nicht früh genug für sie wieder auf. So zog sie über viele Kontakte immer wieder an dem Papier, bis es einmal zerriß. Ich bekam natürlich eine Wut, dachte aber, das kannst du ihr jetzt doch nicht zeigen, diese Wut, sie kann es nicht verstehen, und ich hielt meine Gefühle zurück, bis ich allerdings dann doch einmal meinem Ärger Luft machte. Erst schaute sie erschrocken, trug es aber mit Fassung, um mich am nächsten Tag mit einem Lächeln und der Zeitung in der Hand an der Haustür zu begrüßen. Wir hatten beide unsere wechselseitigen Bedürfnisse verstanden.

Diese Erfahrung erscheint mir besonders wichtig in der Begegnung mit frühgestörten Patienten. Es passiert mir immer wieder, daß ich höre: jetzt sind Sie aber ärgerlich auf mich. Und ich habe mir angewöhnt, nicht gleich zu sagen: nein – sondern zu schauen, ob im Hintergrund es mir doch etwas Mühe macht, und ich sage dann etwa: Jetzt haben Sie bei mir etwas wahrgenommen, was ich noch nicht so in meinem Blickfeld hatte.

An dieser Stelle möchte ich kurz eingehen auf den Begriff des Selbst. In den letzten Jahrzehnten hat eine Entwicklung in der Psychoanalyse stattgefunden, welche von der Triebpsychologie ausgehend über den Indentitätsbegriff (Erikson) zunehmend Interesse fand am Begriff des Ich und später dem des Selbst. Entscheidend war dabei die Auseinandersetzung mit dem Thema Narzißmus. Kohut sprach in der Folgezeit etwa vom fraktionierten Selbst und wollte damit zum Ausdruck bringen, daß es Bruchstellen geben kann in der Selbstwahrnehmung, was eben oft zur Folge hat, daß eigene Wünsche, Phantasien und Gefühle nicht, oder nicht mehr, der eigenen Wahrnehmung zur Verfügung stehen können. In der psychosomatischen Medizin konnte man parallel dazu die Auseinandersetzung mit dem Begriff der Alexithymie ausmachen. Mit diesem Wort sollte die Unfähigkeit des psychosomatisch erkrankten Patienten benannt werden, eigene Gefühle und Phantasien wahrzunehmen und zu verbalisieren. Anfänglich wurde sogar noch ein genetischer Defekt postuliert, der sozusagen die Nichttherapierbarkeit dieser Störungen festschreiben sollte.

Ich denke, daß es eine Korrelation gibt zwischen psychosomatischer Symptombildung und der Unfähigkeit, Gefühle wahrzunehmen und anzusprechen. Allerdings gehören für mich diese Phänomene zum depressiven Formenkreis. Es gibt ja im Rahmen der Depressionen eine Vielzahl von Diagnosen, die mit unterschiedlichen Begriffen die gleichen Störungen benennen: larvierte Depression, depressio sine depressione, somatisierte Depression etc.

Zu unserem Thema „Frühe Kindheit und Depression" paßt diese Deutung. Die Bereitschaft zur psychosomatischen Konfliktverarbeitung hat mehr mit der Sozialisation, den sozio-ökonomischen Verhältnissen und den entsprechenden unterschiedlichen Kommunikationsmustern und Sprachstilen zu tun, als mit einem „mystischen" Defekt. Im übrigen müssen wir uns gerade in Deutschland vergegenwärtigen, daß die unterschiedlichen Klassenzugehörigkeiten auch unterschiedlich soziale Systeme geschaffen haben, welche im Streitfall einer unterschiedlichen Jurisdiktion unterstellt sind. So ist etwa der Unterschichtpatient im Falle der Erwerbsunfähigkeit dem Urteil des Sozialgerichtes unterworfen. Ein Mittel- oder Oberschichtpatient wird dem Vertrauensarzt vorgestellt, der einen Gutachter beauftragt, der ihm konsiliarische Entscheidungshilfen gibt, und in der Regel wird er der Empfehlung des Arztes stattgeben.

Viktor von Weizsäcker hat in seiner Schrift „Soziale Krankheit und soziale Gesundung" in diesem Zusammenhang die Frage aufgeworfen: Was haben Wirtschaft und Politik, was hat die Sozietät mit den Gegenständen der Pathologie zu tun? Man kann dieser Frage auf zwei Weisen begegnen, die erste Antwort ist die: Das Gesetz der Sozialpolitik hat die Macht dem Arzt in die Hand gegeben. Aber hat die Medizin ihm auch die Erkenntnis gegeben, kraft derer er diese Macht gebrauchen kann? Gibt es ein System der Pathologie, durch welches wir die Arbeits- und Existenzfähigkeit eines Menschen befriedigend klar erkennen können? Ich behaupte nach sorgfältiger Prüfung: Nein.

Die Pathologie bestimmt die Natur der Krankheit, aber nicht die Form der verbleibenden Gesundheit und nicht die Form der Verwendbarkeit der verbleibenden Funktion. Die Arbeitsfähigkeit an Patienten ist doch nicht durch Subtraktion seiner Erscheinungen und Ausfälle von 100 Prozent zu bestimmen. Welcher Denkfehler steckt doch in dieser Abstraktion sozialmedizinischer Mathematik! Die Politik hat also etwas mit den Körperveränderungen in der Pathologie zu tun, wenn sie den Arzt zwingt, aus der Pathologie heraus eine soziale Entscheidung zu treffen. Ein an beiden Beinen Gelähmter kann voll erwerbsfähig sein und ein Neurotischer ohne Organbefund voll erwerbsunfähig. Solange die Krankenkassen allerdings z. B. psychische Erkrankungen, z. B. Depressionen, aus ihrem Leistungskatalog auszugrenzen versuchen, wird es eine Symptomverschiebung geben müssen in Richtung Somatisierungstendenz, was ja der praktische Arzt auch tagtäglich zu Gesicht bekommt.

Noch einmal zurück zum Selbstwertgefühl. Ohne ins Detail zu gehen mit der metapsychologischen Definition des Selbst, den Selbst-Repräsentanzen etc. oder die unterschiedlichen Autoren zu bemühen wie Kohut, Rhode-Dachser, Grunberger, Lacan, Kernberg usw., möchte ich auf die ganz einfache, scheinbar vordergründige Bedeutung des Wortes zu sprechen kommen. Das Selbst-Wert-Gefühl ist das, was mir selbst *meine* Gefühle wert sind. Das aber setzt voraus, daß es Menschen gab, denen meine Gefühle etwas wert waren und die in der Lage waren, mir zuzuhören, mich wahrzunehmen und mich als liebenswert mit all meinen Gefühlen, auch denen der Wut und Trauer, anzunehmen und anzuerkennen.

Stern hat vier Stufen des Selbstempfindens bis hin zur vollen Entfaltung beschrieben (Dornes 1993, S. 80):

1. Das auftauchende Selbstempfinden (sense of emergent self) als erste Stufe zwischen 0 und 2 Monaten. Ein erstes Gefühl von Regelmäßigkeit und Geordnetheit wird erlebt.
2. Das Kernselbstempfinden (sense of a core self) zwischen dem 2. und 9. Monat. Im ersten Lebenshalbjahr macht der Säugling die Erfahrung, daß er und der Andere physisch getrennte Wesen sind. Stern postuliert als anfänglichen Zustand eine Trennung von Selbst und Objekt (self-versus-other) im Gegensatz zum analytischen Symbiosebegriff (self-with-other).
3. Die Phase des subjektiven Selbstempfindens (sense of a subjective self) in den Monaten 7–18. Das Kleinkind macht die Erfahrung, daß psychische Zustände des Subjekts (Affekte, Absichten und Aufmerksamkeit) und solche des Objekts „teilbar" sind, d. h. mitgeteilt oder ausgetauscht werden können.
4. Schließlich das verbale Selbstempfinden, das im Alter von 15–18 Monaten beginnt und nie abgeschlossen ist. Kinder lernen mit Hilfe von Symbolen zu kommunizieren. Man spricht in diesem Zusammenhang von sekundärer Intersubjektivität im Gegensatz zu primärer, quasi biologischer. Stern fügte später noch eine 5. Stufe hinzu, nämlich die des narrativen Selbstempfindens.

Nun habe ich einen großen Bogen geschlagen von meiner Patientin, dem „Mädchen ohne Hände" über die Untersuchungen von R. Spitz von hospitalisierten Kindern mit ihrer anaklitischen Depression zum Narzißmusbegriff. Dieser wiederum brachte die Diskussion des Selbst, der Selbstwertproblematik und des Selbstempfindens in unser Blickfeld, wobei ich das Problem der Grandiosität und der Depressivität nur angedeutet habe. Schließlich erwähnte ich noch den Begriff der Alexithymie.

Ich möchte kurz eingehen auf die wesentlichen Aussagen der Untersuchung von M. Söldner zum Thema „Depression aus der Kindheit".

1. Der Depressive kann wesentlich schwerer mit Trennungen umgehen, seien es vorübergehende oder endgültige. Das Gefühl der Verbundenheit geht verloren, wenn die Bezugsperson aus dem Blickfeld verschwindet.

2. Dem Depressiven fehlt es an Selbstsicherheit. Er ist schnell verletzt und getroffen.
3. Wünsche zu äußern fällt depressiven Patienten schwer, aber nach Versagung und Enttäuschung sind sie dennoch sehr verärgert, müssen diese Gefühle allerdings in die Phantasien ableiten.
4. Ihre Stimmung in der Pubertät ist vorwiegend gedrückt.

M. Söldner weist darauf hin, daß die Eltern der Depressiven für diese in der Kindheit und Jugend nicht greifbar sind und sich zu wenig als Bezugspersonen zur Verfügung stellen. Zärtlichkeit fehle in der Familie. So könne sich kein Gefühl von Geborgenheit entwickeln. Die Mutter enge das Kind auf den familiären Bereich ein, der Vater sei nur an bestimmten Fähigkeiten interessiert. Die häusliche Atmosphäre sei von dem Konflikt zwischen den Eltern überschattet. Sie seien in ihrem Wesen zwar erheblich verschieden, glichen sich aber in ihrer Geringschätzung von Vergnügungen und im Mangel an individuellen Interessen. Die Pflichterfüllung habe Vorrang. Die Überzeugung der eigenen Wertlosigkeit gräbt sich tief in das Bewußtsein ein. Wer nie bei seinem Namen gerufen wurde, real oder im übertragenen Sinn, findet nicht zu seinem wahren Selbst und muß eine No-Name-Existenz führen (Rumpelstilzchen).

M. Söldner hat in seinem Buch die verschiedenen Depressionsentitäten untersucht, miteinander verglichen, hat Korrelation gefunden, die allerdings schon bekannt waren bezüglich Disposition, genetischer Veranlagung usw. Insgesamt wird aber bestätigt, daß Umweltfaktoren und Erziehungsstile in der Genese der Depression von großer Bedeutung sind. Daraus lassen sich prophylaktische Empfehlungen ableiten im Sinne antidepressiver Haltungen.

F. Riemann hat in seinem auch heute noch lesenswerten Buch „Grundformen der Angst" über die depressive Persönlichkeit folgendes geschrieben: „Wenn der Depressive erkennt, daß schon das Ich-Werden, die Individuation, unvermeidlich ein Trennen des Anderssein bedeutet, verzichtet er entweder bei sich darauf, oder er gesteht es dem Partner nicht zu ... Er ist der Trabant eines anderen, oder er macht diesen zu seinem Trabanten. So lebt er gleichsam ein monadenhaftes, echohaftes nur zurückspiegelndes Leben oder er drängt es anderen auf". Je weniger wir gelernt haben, unser Eigensein, unsere Selbständigkeit zu entwickeln, um so mehr brauchen wir andere. So stellt sich die Verlustangst heraus als die Kehrseite der Ich-Schwäche. Denn wer sein Ich nicht so stark entwickelt hat, braucht ein stärkeres Ich draußen als Halt, von dem er immer abhängiger wird, je schwächer er selbst bleibt.

Vor einigen Wochen kam ein etwa 45jähriger Patient zu mir in stationäre Behandlung wegen schweren Depressionen mit suizidalen Tendenzen. Er hatte vermehrt Alkohol konsumiert, so daß er in seinem Amt, dem er als Leiter vorsteht, auffiel und arbeitsunfähig wurde. Befremdlich an ihm war die Fehlstellung seines rechten Auges nach außen oben, das durch den mißglückten Versuch einer operativen Korrektur in dieser Haltung fixiert blieb. Er erzählte mir in eindringlicher Art und Weise, daß er – seit seine Frau letztes Jahr in Kur war – überhaupt nicht mehr zurecht käme. Sie habe sich seit dieser Zeit total verändert, mache nicht mehr was er wolle, kümmere sich nicht mehr in der gewohnten Weise um sein leibliches Wohl, wolle nicht mehr seine Schuhe putzen etc. Es habe immer heftigste Auseinandersetzungen gegeben und er könne es dann manchmal nicht aushalten. Er werde sehr aggressiv und sei dann gekränkt und verletzt. Er würde dann manchmal seiner Frau sagen: „Wofür habe ich Dich denn geheiratet; wenn Du nicht mehr für mich sorgst, dann muß ich mir eben eine andere Frau suchen, die das für mich tut, was Du früher für mich getan hast“ usw.

Sie kennen solche Dialoge und solche Vorwürfe. Sie wissen, daß der Vor-Wurf eine Projektion ist und daß derjenige, der projiziert oder dem anderen etwas vor die Füße wirft und ausspuckt, derjenige ist, der etwas nicht verdauen konnte.

Aus der frühen Kindheit des Patienten ist erwähnenswert, daß er der einzige Sohn eines Schreinermeisters war, der ein sehr strenges Regiment führte und der sich nur für den Sohn interessierte, wenn er schulische Leistungen erbrachte. Die Mutter klammert sich ängstlich und überfürsorglich an ihr Kind, und sie putzte nicht nur die Schuhe für ihn – auch als er noch Student der Verwaltungswissenschaft war –. Ich erlebte ihn im Erstinterview sehr gespannt. Ich habe so die Angewohnheit, manchmal mit dem Bleistift kleine Zeichnungen zu fertigen, über deren Inhalt ich mir kognitiv oft erst im Nachhinein klar werde. Bei ihm hatte ich einen Stier mit einem sehr ausgeprägten Nacken gezeichnet. Als ich dann seine Behandlungskarte ausfüllte, kam es zur typischen Fehlleistung: der Patient nahm die Behandlungskarte und die Skizze darunter mit. Als er wieder kam, hielt er mir diese Zeichnung entgegen und meinte: „Das war doch nicht für mich bestimmt“. Und ich sagte, als ich das entdeckte: „Oh, ich muß Sie wohl als sehr hartnäckig erlebt haben“. Er lachte laut und sagte: „Wie haben Sie das so schnell herausgefunden, das ist genau das, was mir meine Frau immer sagt“. Als die Ehefrau zu einem Dreiergespräch kam, wurde überdeutlich, daß sie inzwischen die überlegene Position einnahm.

Sie wirkte auf ihre einerseits sehr bescheidene Art sehr selbstbewußt und teilte ihrem Mann mit, daß sie, seit die Kinder aus dem Haus seien endlich wieder ihre eigenen Bedürfnisse und Wünsche leben wollte, und daß sie nicht mehr daran dächte, sich für ihren Mann aufzuopfern.

Um es abzukürzen: Es konnten in der Therapie Ansätze einer Trauerarbeit für den Patienten möglich werden:

1. Er kam zu der Einsicht, daß er sich nie von seiner verwöhnenden Mutter lösen konnte, die er selbst als sehr depressiv erlebt hatte.
2. Es wurde ihm bewußt, daß er diese Abhängigkeitsgefühle auf seine Frau übertragen hatte, ohne es zu bemerken, solange die Kinder im Haus waren.
3. Er kam in einer Phase kritischer, aber auch idealisierender Übertragung mir gegenüber zu der Erkenntnis, daß er zu seinem Vater nie eine emotional tragfähige Beziehung hatte, außer der des Respektes und der Angst.
4. Er konnte verstehen lernen, daß seine Depression Ausdruck seiner Minderwertigkeitsgefühle war. Er war ein sehr intellektualisierender, Korrektheit und Perfektion liebender Mensch, der die „Gefühlsduselei" seiner Frau im Grunde ablehnte. Die Minderwertigkeitsgefühle zeigten an, daß er seine Gefühle gering achtete, ja, daß er sie verachtete.
5. Es gelang ihm, seiner Frau mitzuteilen, wie hilflos er sich im Grunde fühle, seit sie so sehr sich von ihm abgrenzte, und daß er sich bemühe, toleranter und geduldiger zu werden.
6. Seine Frau konnte ihm spiegeln, daß sie schon lange gesehen habe, wie hilflos er sich fühle, vor allem wenn er, was seine Leistungen im Beruf angingen, geprahlt habe.

Ich möchte es dabei bewenden lassen und weitere Entwicklungen aussparen. In einem späteren Brief schrieb er, daß die sechs Wochen klinischer Therapie ihm doch entscheidend aus der Krise geholfen hätten. Er ist wohl auf dem Weg, Abschied zu nehmen von den Illusionen seiner Kindheit. Die wütenden Auseinandersetzungen und die begonnene Trauer werden ihm hoffentlich weiterhelfen, mehr und mehr ins Hier und Jetzt zu kommen, sein eigenes Selbst und seinen Selbstwert zu erleben, und die Autonomie der Ehefrau anzuerkennen. Es ist ihm zu wünschen, daß er den Sinn seines Lebens in seinem Da-Sein erkennen kann, nicht in seiner Leistung. Die Griechen sagen: *Kairos* zum rechten Augen-Blick, zum Hier und Jetzt. Gleichzeitig bedeutet *Kairos* auch Glück.

Ganz am Ende möchte ich unseren Calwer Landsmann Hermann Hesse zu Wort kommen lassen, der auf seine Art zum Ausdruck bringt, was er unter Entwicklungspsychologie versteht und was Trauerarbeit ist. Das Gedicht heißt „Stufen".

„Wie jede Blüte welkt, und jede Jugend
dem Alter weicht, blüht jede Lebensstufe,
blüht jede Weisheit auch und jede Tugend
zu ihrer Zeit und darf nicht ewig dauern.
Es muß das Herz bei jedem Lebensrufe

bereit zum Abschied sein und Neubeginne,
um sich in Tapferkeit und ohne Trauern
in andre, neue Bindungen zu geben.
Und jedem Anfang wohnt ein Zauber inne,
der uns beschützt, und der uns hilft zu leben.

Wir sollen heiter Raum um Raum durchschreiten
an keinem wie an einer Heimat hängen.
Der Weltgeist will nicht fesseln uns und engen,
er will uns Stuf' um Stufe heben, weiten.
Kaum sind wir heimisch einem Lebenskreise
und traulich eingewohnt, so droht Erschlaffen.
Nur wer bereit zu Aufbruch ist und Reise,
mag lähmender Gewöhnung sich entraffen.

Es wird vielleicht auch noch die Todesstunde
uns neuen Räumen jung entgegen senden,
des Lebens Ruf an uns wird niemals enden,
wohlan denn, Herz, nimm Abschied und gesunde".

Literatur

Brazelton, T.B. (1994) Babys erstes Lebensjahr. DTV-Ratgeber. dtv, München

Cremerius, J. (1978) Ist die psychosomatische Struktur der französischen Schule krankheitsspezifisch? In: Zur Theorie und Praxis der Psychosom. Medizin

Cremerius, J., Hoffmann, S.O. und Trimborn, W. (1979) Psychoanalyse Über-Ich und soziale Schicht. Kindler, München

Clauser, G. (1971) Die vorgeburtliche Entstehung der Sprache als anthropologisches Problem. Enke, Stuttgart

Dolto, F. (1994) Alles ist Sprache. Quadriga, Weinheim

Dornes, M. (1992) Der kompetente Säuling – die präverbale Entwicklung des Menschen. Fischer, Frankfurt
Drewermann, E. und Neuhaus, I. (1988) Das Mädchen ohne Hände. Walter, Freiburg
Grunberger, B. (1971) Vom Narzißmus zum Objekt. Suhrkamp, Frankfurt
Jacobsen, E. (1971) Depression. Suhrkamp, Frankfurt
Kernberg, O.F. (1988) Innere Welt und äußere Realität. Verlag Internationale Psychoanalyse, München Wien
Kohut, H. (1979) Die Heilung des Selbst. Suhrkamp, Frankfurt
Mahler, H., Pine, F. und Bergmann, A. (1985) Die psychische Geburt des Menschen – Symbiose und Individuation. S. Fischer, Frankfurt
Miller, A. (1979) Das Drama des begabten Kindes. Suhrkamp, Frankfurt
Papoušek, M. (1994) Vom ersten Schrei zum ersten Wort. Suhrkamp, Frankfurt
Rohde-Dachser, C. (1979) Das Borderline-Syndrom. Huber, Bern
Riemann, F. (1990) Grundformen der Angst. Reinhardt, München
Söldner, M. (1994) Depression aus der Kindheit. Vandenhoeck & Ruprecht, Göttingen
Spitz, R. (1976) Vom Dialog. Klett-Cotta, Stuttgart
Spitz, R. (1980) Vom Säugling zum Kleinkind. Klett-Cotta, Stuttgart
Stern, D.N. (1994) Tagebuch eines Babys. Piper, München
von Weizsäcker, V. (1995) Soziale Krankheit und soziale Gesundung. Vandenhoeck & Ruprecht, Göttingen
Wittgenstein, L. (1993) Tractatus logico-philosophicus. Suhrkamp, Frankfurt

The International Journal of Prenatal and Perinatal Psychology and Medicine

Herausgegeben von
Peter Fedor-Freybergh, Stockholm und Ludwig Janus, Heidelberg

Diese interdisziplinäre Wissenschaftszeitschrift für Medizin, Psychologie, Anthropologie und verwandte Wissenschaftsbereiche behandelt die pränatalen und perinatalen Bedingungen menschlicher Entwicklung und umfaßt Forschung und klinische Erfahrung aller Aspekte der pränatalen und perinatalen Psychologie und Medizin.

Die pränatale Psychologie und Medizin versteht sich als eine neue Grundlagenwissenschaft, die die Bedingungen während der frühen pränatalen menschlichen Entwicklung in ihrer Kontinuität während der perinatalen Lebensphase und deren Einfluß auf die ganze postnatale Entwicklung des Individuums untersucht und beschreibt. Dieses Konzept beinhaltet die weitläufige Einbeziehung der Wissenschaftsfelder der Psychotherapie, Geburtshilfe, Kinderheilkunde, Geburtsvorbereitung, Endokrinologie, Genetik, Reproduktionsmedizin, Bereiche der Philosophie, Ethik und anderes. Schwangerschaft wird in diesem Zusammenhang als ein aktiver Dialog (auf psychologisch-emotionaler und biochemisch-endokriner Ebene) zwischen der Mutter (unter Einschluß des Vaters und anderer wichtiger Beziehungspersonen) und dem ungeborenen Kind gesehen, wobei das Kind vor der Geburt als eine eigene Persönlichkeit und je nach den Bedingungen auch als ein potentieller Patient gesehen wird.

Diese Zeitschrift möchte informieren und länderübergreifende Forschungen und wissenschaftlichen Austausch anregen, ermutigen und fördern. Sie betont die Bedeutung von Fürsorge und Begleitung während der vorgeburtlichen Lebenszeit und der Geburt aus biologischer, psychologischer und soziologischer Sicht und hebt das prophylaktische Potential der primären Prävention während dieser frühen Entwicklungszeit für spätere somatische und psychologische Störungen und Erkrankungen beim Menschen hervor. Die Zeitschrift richtet sich an die breitere wissenschaftliche und akademische Öffentlichkeit, wie ebenso an medizinische, psychologische und psychotherapeutische Praktiker und den interessierten Laien.

Die Publikationssprachen sind englisch und deutsch mit Zusammenfassungen in der jeweils anderen Sprache.

ISSN 0943-5417
Laufender Band: Vol. 7 (1995)
Erscheinungsweise: 4 Hefte pro Band
Bandumfang: über 500 pp.
Bezugspreis: 120 DM

Bestellung / Anfrage nach Probeheft:
Mattes Verlag GmbH
Postfach 103866
69028 Heidelberg
Fax (06221) 459322